Transformando vinagre em mel

Transformando vinagre em mel

SETE PASSOS PARA COMPREENDER E TRANSFORMAR
A RAIVA, A AGRESSIVIDADE E A VIOLÊNCIA

Ron Leifer

Tradução de Maria Silvia Mourão Netto

SÃO PAULO 2013

Esta obra foi publicada originalmente em inglês com o título
VINEGAR INTO HONEY
Por Snow Lion Publications, Nova York.
Copyright © 2008 Ron Leifer
Todos os direitos reservados. Nenhuma parte deste livro pode ser reproduzida
sob nenhuma forma, sem autorização prévia, por escrito, do Editor.
Copyright © 2013, Editora WMF Martins Fontes Ltda.,
São Paulo, para a presente edição.

1ª edição 2013

Tradução
MARIA SILVIA MOURÃO NETTO

Acompanhamento editorial
Márcia Leme
Preparação do original
Ana Caperuto
Revisões gráficas
Ana Maria de O. M. Barbosa
Letícia Braun
Edição de arte
Katia Harumi Terasaka
Produção gráfica
Geraldo Alves
Paginação
Studio 3 Desenvolvimento Editorial

Dados Internacionais de Catalogação na Publicação (CIP)
(Câmara Brasileira do Livro, SP, Brasil)

Leifer, Ron
  Transformando vinagre em mel : sete passos para compreender e transformar a raiva, a agressividade e a violência / Ron Leifer ; tradução de Maria Silvia Mourão Netto. – São Paulo : Editora WMF Martins Fontes, 2013.

Título original: Vinegar into honey.
ISBN 978-85-7827-668-3

1. Agressividade (Psicologia) – Aspectos religiosos – Budismo 2. Budismo – Psicologia 3. Ira – Aspectos religiosos – Budismo 4. Violência – Aspectos religiosos – Budismo I. Título.

13-01669   CDD-294.34442

Índices para catálogo sistemático:
1. Sete passos para compreender e transformar a raiva, a agressividade e a violência : Ensinamentos budistas : Vida e prática religiosa   294.34442

Todos os direitos desta edição reservados à
Editora WMF Martins Fontes Ltda.
Rua Prof. Laerte Ramos de Carvalho, 133 01325.030 São Paulo SP Brasil
Tel. (11) 3293.8150 Fax (11) 3101.1042
e-mail: info@wmfmartinsfontes.com.br http://www.wmfmartinsfontes.com.br

Sumário

Prefácio — 7

1. O sinal de Caim — 15
2. A natureza humana — 21
3. Passo um: Tomar consciência I — 33
4. Passo um: Tomar consciência II — 53
5. Passo dois: Assumir a responsabilidade — 71
6. Passo três: Compreender a raiva, a agressividade e a violência — 89
7. Passo quatro: Reflexão — 111
8. Passo cinco: Decisão — 125
9. Passo seis: Relaxar e desprender-se — 139
10. Passo sete: Abrir o coração — 161

Em memória de Jamgon Kongtrul Rinpoche,
que previu a chegada do budismo aos Estados Unidos
por meio da psicoterapia.

Este livro é dedicado a
Abria, Autumn e Mandisa,
e às crianças de sua geração.

Agradecimentos

Agradeço a Rebecca Cutler pela incansável e meticulosa preparação do manuscrito, que conferiu eloquência, elegância e clareza ao texto. Recebi dela as críticas mais construtivas e, como todo escritor e todo discípulo sabem, o crítico amoroso é o mestre mais valioso. Muito obrigado também a Liz Green, minha editora na Snow Lion Publications, cuja orientação firme e habilidosa me permitiu refinar e aprimorar o original.

Prefácio

"Dos três campos de estudo, o mais importante e particularmente premente é o primeiro, que trata das emoções mais fortes; pois uma emoção intensa surge apenas quando o desejo não alcança seu objetivo, ou quando uma aversão depara com o que gostaria de evitar. Esse é o campo de estudo que nos introduz não só aos infortúnios, confusões, turbulências e calamidades, como também aos padecimentos, lamentações e invejas..., paixões que nos impedem de sequer ouvir a razão."
– Epicteto, *Discursos* 3.2.3

O QUE SABEMOS SOBRE RAIVA, agressividade e violência? Sabemos muito sobre a fisiologia da raiva, a psicologia da agressividade e a política da violência. Biólogos, psicólogos, sociólogos, filósofos e teólogos oferecem suas próprias explicações e propõem soluções. Mas continua faltando alguma coisa que reúna todas essas vertentes numa compreensão mais fundamental. Parece que há um excesso de explicações especializadas, uma verdadeira Torre de Babel que nos impede de enxergar o que, no fundo, talvez não queiramos ver.

A expressão "transformando vinagre em mel" é uma metáfora alquímica tibetana e tem o mesmo sentido da conhecida metáfora alquímica europeia da transformação de chumbo em ouro. O significado literal não é igual ao oculto. A alquimia espiritual não trata da transformação literal, ou seja, química, de chumbo em ouro. Seu sentido profundo é a busca da transformação de infelicidade em felicidade, de sofrimento em alegria.

Transformando vinagre em mel é um manual em sete passos para a compreensão e a transformação da energia da raiva, da agressividade e da violência em sabedoria e paz interior. Seu texto nos convida a uma viagem à nossa interioridade, a uma investigação de nós mesmos, de nossos corações e mentes. Não é uma jornada para fracos. Pode ser uma aventura assombrosa e revigorante ou o escurecer da alma, dependendo de quão dispostos estejamos a ver o que não gostaríamos de ver e a reprimir o que nos sentimos compelidos a fazer.

* * *

As bases dos conceitos apresentados neste livro derivam de três princípios que adotei após longos anos de uma difícil e dolorosa busca da compreensão de meu próprio sofrimento e do sofrimento das pessoas que atendo em meu consultório particular, como psicoterapeuta.

O primeiro princípio é: nada que é humano é estranho, ou seja, em certo sentido, o indivíduo participa de sua espécie e a espécie participa do indivíduo. Cada um de nós tem potencial para fazer qualquer coisa que outro ser humano tenha feito. Cada um de nós é vulnerável o suficiente para sentir o que qualquer outra pessoa tenha sentido. E cada um de nós é capaz da mesma sabedoria e bondade que qualquer outro tenha alcançado. Os problemas da raiva, da agressão e da violência devem ser enfrentados sem que sejam considerados "anormais", emoções e condutas dos "outros" apenas. Evito em especial a noção de que são doenças mentais ou distúrbios médicos. Em vez disso, são emoções e comportamentos humanos "normais", no sentido de que são "comuns", ainda que não "desejáveis"; nesse caso, podemos afirmar, como outros já o fizeram, que a mente humana normal é neurótica.

O segundo princípio envolve uma investigação irrestrita por todos os campos do conhecimento, em busca de um entendimento da natureza e do sofrimento humanos que faça algum sentido e sugira um caminho de cura compatível com esse sentido. A psicanálise, a psicologia, a antropologia, a sociologia, a política, a religião e a literatura, todas contêm suas pérolas de sabedoria. A perspectiva que adoto aqui é a de uma combinação, uma mescla de esclarecimentos e fatos de múltiplas origens. Não se deve esperar uma conclusão definitiva. Muitos sábios vêm ponderando há séculos sobre essas questões, e cada um deles tem a sua própria combinação. A busca do conhecimento é um esforço contínuo e aberto, o que significa que qualquer estudo, inclusive este, deve necessariamente ser considerado uma aproximação incompleta.

O terceiro princípio é mais específico. Baseia-se na antiga e consagrada tradição budista. Em busca de uma compreensão mais profunda da condição humana do que a proposta pela psiquiatria, voltei-me para o estudo da sabedoria oriental. Meu primeiro mestre foi Agehananda Bharati, um monge hindu, profundo conhecedor de sânscrito e professor de antropologia na Syracuse University. Em 1964, ele me apresentou a meditação e a análise linguística da filosofia hindu e do budismo. Em 1980, percebendo que minha curiosidade estava me encaminhando para o budismo, recomendou que eu procurasse um professor budista.

Foi então que encontrei o KTD, ou Karma Triyana Dharmachakra, um mosteiro budista tibetano da tradição Karma Kagyu, situado em Woodstock, estado de Nova York. Perguntei se poderia falar com o abade. Seu tradutor, Ngodrup Burkhar, respondeu que naquele momento eu não poderia vê-lo, mas que seria bem-vindo à noite, para a hora do ensinamento ministrado por ele, "apenas para sentir sua presença". Eu não tinha noção do que ele queria dizer com "presença" até que me sentei naquele ambiente, para a sessão de ensinamento, e tive essa experiência. Fiquei fascinado com sua calma, doçura, inocência e sabedoria. Que estado de ânimo é esse? Em todos os meus estudos de medicina, psiquiatria, filosofia ou história do pensamento ocidental, eu nunca tinha ouvido ou lido nada sobre isso.

Tornei-me discípulo de Khenpo Karthar Rinpoche, o abade daquele mosteiro. Frequentei suas sessões de ensinamento e tive alguns encontros privados com ele, a intervalos irregulares, segundo o tradicional relacionamento entre guru e discípulo. Também assisti a sessões de ensinamento de alguns dos altos lamas da tradição Kagyu, com quem igualmente me sentei para sessões individuais de ensinamento. Naquela época, os lamas estavam apresentando ensinamentos muito básicos aos ocidentais, baseados nas quatro nobres verdades, em particular, a meditação e a compaixão. Os lamas diziam o tempo todo que "o Dharma é vasto", o que significa que os ensinamentos em si são tão vastos quanto o potencial e as possibilidades da experiência humana da vida. No começo eu não entendia o que eles queriam dizer, mas, ouvindo-os mais e mais, compreendi que as pessoas dessa tradição sabem mais sobre a natureza e a mente humanas do que qualquer pensador ocidental que eu tivesse estudado ou conhecido.

Em 1986, Jamgon Kongtrul Rinpoche, um dos dirigentes da tradição Kagyu, solicitou a um grupo de praticantes associados ao mosteiro, que eram também profissionais da área de saúde mental, que organizassem um congresso para mil pessoas sobre os temas budismo e psicoterapia. Ele nos disse que tivera a visão de que o budismo chegaria ao Ocidente pela psicoterapia, possivelmente no intervalo de algumas décadas ou alguns séculos. Eu já tinha começado a alinhavar as semelhanças e diferenças entre a perspectiva budista e a ocidental a respeito do sofrimento mental e emocional. Há mais de 45 anos atendo pacientes em meu consultório de psicoterapia, uma média de vinte pessoas por semana, o que representa uma oportunidade rara e preciosa de investigar a natureza e as causas do sofrimento individual.

Eu tinha um interesse especial pela visão do sofrimento apresentada pelas duas primeiras nobres verdades, tanto o fato do sofrimento quanto suas causas. Graças ao meu trabalho como psicoterapeuta, essa visão me pareceu correta e natural. Seja qual for o diagnóstico de cada um, meus pacientes sofrem, e é minha responsabilidade ajudá-los a encontrar alívio. Eu queria muito encontrar pontos em comum entre a visão budista e a ocidental da questão da felicidade e do sofrimento. O resultado desse estudo está em meu livro anterior, *The Happiness Project: Transforming the Three Poisons That Cause the Suffering We Inflict on Ourselves and Others* [*Projeto felicidade: como nos libertar da dor que infligimos a nós mesmos e aos outros*] (Ithaca: Snow Lion Publications, 1997*).

Quais são os "três venenos"? São aqueles comumente denominados: paixão, agressividade, ignorância ou desejo, ódio e ilusão. Cada um desses termos contém uma carga semântica que obscurece a elegante simplicidade de seu significado. Os dois primeiros, paixão e agressividade, são um par de opostos. Referem-se a uma qualidade intrínseca da vida senciente: sua reatividade bipolar – atração e repulsa, aproximação e afastamento, desejo e repulsa. Os organismos mais simples são trópicos (do grego *trópos*, voltar-se para), quer dizer, aproximam-se da luz e da vida e afastam-se da escuridão e da morte. A psicologia behaviorista ocidental reconheceu essa interação fundamental entre dor e prazer, entre fuga e atração, e a considera a chave para a compreensão e o controle do comportamento. Freud expressou a mesma ideia em seu conceito de "princípio do prazer".

Os termos "ignorância" e "ilusão" se referem a dois tipos de "pensamento equivocado". "Ignorância" é o fracasso em enxergar a verdade sobre nós mesmos e sobre os fatos e acontecimentos. "Ilusão" significa cultivar ideias falsas e fixas a esse respeito. As verdades que não conseguimos enxergar são enumeradas na primeira nobre verdade como "os três fatos da existência". Essas verdades são: (1) o sofrimento é um fato da vida que não pode

---

* Trad. bras.: São Paulo: Cultrix, 2000. (N. da T.)

ser completamente evitado; todos sofremos ao nascer, adoecer, envelhecer e morrer, e todos sofremos de "mente neurótica normal"; (2) vivemos num mar de mudanças incessantes; nada é permanente, nem mesmo o Sol ou o próprio Universo; e (3) nada, nem nós mesmos, existe substancialmente, quer dizer, em si e por si, isolado de todas as demais transformações de energia no Universo.

Esses fatos revelam ironias que a maioria de nós acha difícil compreender, porque somos atormentados por nossas habituais tendências contrárias. É trágico, mas buscamos a felicidade lutando contra os fatos da existência. Queremos evitar o sofrimento e a morte, o que é impossível. Queremos o que não podemos ter ou o que nos machuca ou machuca outras pessoas. Hesitamos em cumprir com nossos deveres para conosco e para com os demais. Queremos levar uma vida estável, constante, confiável, mantida sob controle. Queremos acreditar que a percepção que temos de nós mesmos é real, substancial e importante.

O sentimento de vazio insinua que nossa identidade, a ideia rígida que fazemos de nós mesmos, é uma ficção, que, por força da magia da linguagem, é transformada em "fato" social. A ignorância é o fracasso em enxergar que nossa mente projeta em nós mesmos e no mundo desejos, temores e significados, projeções que materializamos e erroneamente tomamos como "reais". A ilusão é a ideia específica de que possuímos um "eu" substancial, que é o centro do universo, que nossas histórias pessoais são a própria realidade e que as coisas deveriam transcorrer como esperamos. Esses fatos são altamente perturbadores, pois revelam que somos a causa do nosso próprio sofrimento.

Este livro aplica os princípios das três causas do sofrimento aos problemas da raiva, da agressividade e da violência. É doloroso contemplar as causas e as curas dessa aflição porque elas contradizem o instinto de sobrevivência manifesto na afirmação de nossa identidade pessoal, social, política e nacional. Quem é tolo bastante para abrir mão de seus insaciáveis desejos, encarar seus mais temidos receios e colocar os outros em primeiro lugar em nome da paz? O triste fato é que os desejos e receios que incendeiam a raiva, a agressividade e a violência humanas são mais prementes do que o desejo de paz e harmonia. Nas palavras de Shantideva, "abominamos o sofrimento, mas adoramos suas causas". Quando tivermos um melhor entendimento de nossa natureza humana fundamental e suas falhas, talvez possamos ser mais capazes de enxergar como causamos sofrimentos a nós mesmos e às outras pessoas, de perceber as ligações entre nossas motivações e ações e as consequências delas e de agir com a sabedoria que é a mãe da paz.

Para aqueles que se dispuserem à aventura de trilhar o caminho menos percorrido, este livro é um método em sete passos para transformar o vinagre da raiva, da agressividade e da violência em mel. "Mel" é uma metáfora para um estado que, embora não possa ser chamado de felicidade, tal como costumamos entendê-la, ainda assim abre espaço para a aceitação dos fatos da vida com equanimidade e equilíbrio. Nesse espaço de abertura cabem a bondade e a dor de viver, assim como a empatia com todos, pois todos vivemos a mesma árdua condição humana.

1. O sinal de Caim

"E, quando estavam no campo, Caim se lançou sobre seu irmão Abel e o matou."
— Gênesis, 4:8

Hoje ninguém precisa que lhe digam que os seres humanos são raivosos, agressivos e violentos. Os animais não fazem guerras, não se vingam, não maquinam ataques táticos terroristas nem encontram explicações e justificativas para matar. Só os humanos fazem isso.

A violência é o grande problema moral, o enigma terrível, o trágico dilema da história humana. Se considerarmos a atenção que ela recebe da mídia, podemos pensar que está aumentando nos tempos atuais. Mas tem sido a mesma coisa desde o princípio, a violência humana aparece na história junto com o homem.

A história inteira da humanidade é marcada pelo fogo da agressividade. Grupos tribais, étnicos e religiosos vêm brigando entre si desde os primórdios da humanidade. As cidades foram construídas como refúgios murados para evitar ataques de bandidos e saqueadores. Durante três séculos, a Europa ardeu nas fogueiras da Inquisição. O século XX ficou coberto com o sangue derramado em duas guerras mundiais e em mais de uma centena de conflitos cruéis a partir de 1945, incluindo as guerras da Coreia, do Vietnã e do Afeganistão e, na aurora do terceiro milênio, a do Iraque. Talvez este mundo se acabe por força de um grandioso e derradeiro gesto humano de cólera. Talvez a minha vida ou a sua terminem por um acesso descontrolado de ira, meu ou de outrem. Por quê? O que não conseguimos entender?

O que quero dizer não é "qual a explicação *específica* para *determinado* ato violento?". Todo aquele que se comporta com violência tem seus próprios motivos. A questão não é por que essa pessoa mata alguém ou aquela nação ataca outra. Não podemos esperar que o problema da violência humana seja esclarecido simplesmente enumerando uma infinidade de razões individuais. Precisamos compreender a *causa essencial* da agressão: existe alguma coisa na natureza humana que nos motive – que motive todos nós, em alguma medida – à violência?

Não percebemos nossa falta de entendimento *não* porque nos faltem explicações para a violência, mas porque temos um *excesso* delas. Pedimos respostas para o problema a vários especialistas, que o analisam através das lentes de suas disciplinas e teorias específicas e de seus interesses particulares e terminam nos oferecendo uma verdadeira Torre de Babel. Psiquiatras, psicólogos, sociólogos, criminologistas, economistas e políticos têm cada qual seu conjunto de verdades parciais e uma linguagem própria para expressá-las.

Se pedirmos aos psiquiatras que nos expliquem os atos de violência, eles nos dirão que sua causa está em doenças mentais. Na opinião desses especialistas, a violência se reduz a um defeito genético, um desequilíbrio bioquímico ou alguma outra forma de distúrbio cerebral. Numa espécie de lógica circular, se alguém que cometeu um crime algum dia consultou um psiquiatra ou utilizou um medicamento psiquiátrico, esses fatos são arrolados como prova de que o ato criminoso tem uma causa biológica. É certo que fatores biológicos fazem parte da raiva, da agressividade e da violência, como de resto da totalidade dos comportamentos humanos. Mas o que isso explica? Como isso nos ajuda? Somente os psiquiatras fingem compreender o que é uma "doença mental", e a psiquiatria é mais uma coletânea de opiniões do que uma ciência confiável.

Sociólogos e psicólogos apresentam outras explicações para a raiva, a agressividade e a violência. Os sociólogos costumam afirmar que uma criança violenta é produto de uma família desestruturada ou de uma escola problemática. Ou, então, culpam uma cultura em que a violência é lugar-comum e até valorizada. Os psicólogos dizem que a criança se torna um assassino porque foi maltratada, ignorada, negligenciada, reprimida, intimidada, insultada ou traumatizada de alguma maneira, em casa ou na escola. Não há dúvida de que essas experiências são dolorosas ou traumáticas. Mas nem todas as crianças criadas em lares problemáticos, assim como nem todas as vítimas da pobreza, da negligência, do ressentimento e de maus-tratos, tornam-se violentas. Por quê? Para a Física, a relação causa e efeito sempre é válida. Se você solta uma pedra do alto de uma ponte, ela não cai apenas às vezes, ela sempre cai. Por que, nas mesmas circunstâncias, algumas pessoas se tornam violentas e outras não?

Uma cultura em que a violência é a norma seguramente produz violência. Assim como a cultura que aceita a exploração de mulheres promove a exploração de mulheres. Mas nem todos os homens e mulheres que vivem nesse tipo de cultura tornam-se assassinos, estupradores ou exploradores de outras pessoas. Por que isso acontece com alguns, mas não acontece com outros?

Os psiquiatras, os psicólogos e os cientistas sociais atribuem essa discrepância a "distúrbios" genéticos, hormonais, neurológicos, mentais ou emocionais de cada pessoa em particular. Dizem que a violência é causada por doenças mentais, por desequilíbrios bioquímicos, pela baixa tolerância à frustração, por traumas de infância ou, ainda, por injustiças sociais. Poucos especialistas ousariam atribuir essa discrepância a uma falha moral, embora, ironicamente, muitos leigos o façam. A maioria dos sociólogos e psiquiatras acredita que afirmar isso é o mesmo que "estigmatizar" o indivíduo violento, que, na opinião deles, não é responsável por seu comportamento, uma vez que este tem uma "causa". É uma demonstração de compaixão reconhecer que muitos agressores foram eles mesmos vítimas de agressões, mas reduzir o sujeito violento a um autômato condicionado explica ou ameniza o problema?

Basicamente, existem apenas dois tipos de explicação para os atos humanos: a causal e a motivacional, ou seja, determinação ou escolha. As explicações causais são verdades parciais, mas apenas parciais. É claro que os fatores biológicos e sociais têm seu papel nisso, e que pessoas difíceis e condições sociais adversas podem nos provocar. Todos nós temos fraquezas, mágoas e dores, mas nem todos nos tornamos violentos. Por que isso acontece com alguns, mas não com outros? Essa é a pergunta-chave.

Para evitar a confusão provocada por esse excesso de explicações, devemos ampliar nossos horizontes e adotar uma perspectiva mais abrangente, procurando olhar para a espécie humana em si, indo além de indivíduos e grupos. As raízes da raiva, da agressividade e da violência humanas não estariam em nossa natureza? Qual a importância de localizar as causas essenciais da raiva, da agressividade e da violência na própria natureza humana?

Se entendermos os seres humanos como máquinas biológicas movidas pela genética e pela bioquímica cerebral, forçoso será concluir que a extinção da violência terá de ser obtida por engenharia genética e por via medicamentosa. Se entendermos os seres humanos como criaturas socialmente condicionadas, a solução estará na mudança social e no recondicionamento comportamental. Se, no entanto, entendermos os humanos como animais morais, como seres biológicos que evoluíram a ponto de ter capacidade para a linguagem e para o livre-arbítrio, então transformar a violência em não violência será possível por meio da introspecção, da responsabilidade pessoal e da escolha.

O próximo capítulo é uma meditação sobre a natureza humana. É um tanto temerário debruçar-se sobre tema tão profundo, a cujo respeito ainda não se chegou a um acordo. Talvez seja tolice tentar fazê-lo num só capítulo, tão breve. Apesar disso, vou me lançar à tarefa com cuidado e imbuído de duplo propósito.

Em primeiro lugar, quero apresentar um novo paradigma da natureza humana, segundo o qual motivação e escolha são avaliadas por um prisma evolutivo, portanto, biológico. Essa abordagem mostrará como a raiva, a agressividade e a violência humanas estão enraizadas em nossa natureza. Nós, humanos, somos criaturas biológicas, similares, portanto, aos outros animais em alguns aspectos, mas radicalmente diferentes deles em outros. Somos semelhantes, na medida em que somos organismos físicos energizados pela força vital. Mas somos diferentes de todos os outros animais por termos desenvolvido a capacidade da linguagem. A linguagem diferencia a mente humana da mente animal. Ela nos permite fazer escolhas e construir uma noção altamente individualizada de nossa identidade. Assim como nosso corpo, nossa noção de eu é energizada pela força vital, mas, nesse caso, ela se manifesta na linguagem, nas escolhas e no comportamento social.

O segundo propósito do próximo capítulo é fornecer aos interessados um modelo conceitual para entender e transformar a energia da raiva, da agressividade e da violência, o que pode ser proveitoso para algumas pessoas. Aquelas que preferirem uma abordagem mais prática devem ir direto para o capítulo seguinte, que trata do Passo um. A concepção de natureza humana apresentada no próximo capítulo integra-se completamente com os sete passos, que, assim como os alicerces de uma casa, embora invisíveis, a sustentam. Se você tiver interesse, leia-o depois. A leitura poderá ajudá-lo a analisar os sete passos de uma perspectiva mais ampla.

2. A natureza humana

"Explicar o pecado de Adão é, portanto, explicar o pecado original e nenhuma explicação tem utilidade se explica o pecado original e não explica Adão. A mais profunda razão para isso pode estar na característica essencial da existência humana, a saber, que o homem é um indivíduo e, como tal, é, ao mesmo tempo, ele próprio e também sua raça inteira, de tal sorte que a raça inteira é uma parte do indivíduo e o indivíduo é uma parte da raça... Adão é o primeiro homem; ele é, ao mesmo tempo, ele próprio e a raça inteira..., portanto, o que explica Adão explica a raça, e vice-versa."
– Soren Kierkegaard, *The Concept of Dread*

Para compreender os mistérios específicos que assolam as nossas vidas ou os horrores aparentemente inexplicáveis e sem relação entre si que movimentam as rotativas de nossos tempos, teremos de nos perguntar se, em cada incidente, não existe alguma coisa que é comum a todos, como uma tendência profunda e intrínseca que, tal qual um rio escuro e destruidor, atravessa toda a existência humana. O que significa afirmar que a causa essencial da raiva, da agressividade e da violência humanas se encontra em nossa própria natureza? A resposta está na própria noção de natureza humana.

O que é a natureza "humana"? Esse termo é contraditório, causa certa confusão. Quando pensamos em natureza, pensamos naquilo que não é humano, que se opõe ao humano, contrastando com ele, que está "lá fora": a Terra, o céu, os animais, o crescimento e a putrefação da matéria orgânica, os ritmos e ciclos das estações, o clima e as leis da física, às quais os humanos devem se submeter. Quando pensamos no que é especificamente humano, pensamos em algo diferente, algo aparentemente acima e além do instinto, dos reflexos, dos processos predeterminados dos animais e dos planetas. Pensamos em algo que diferencie o humano do meramente selvagem, algo que seja absolutamente fundamental para nossa verdadeira humanidade. Pensamos em autoconsciência, em identidade pessoal e diferenças individuais, pensamos em mentes e almas, em escolhas e consequências dessas escolhas, em personalidades e biografias, na fala e na escrita, na música, no teatro e na história, em amor e ódio, em compaixão e crimes, e nas guerras. A chave para entender a natureza humana está nessa diferença.

A ideia de "natureza humana" conota tanto as semelhanças como as diferenças entre o animal e o humano. Gostando ou não desta ideia, nós, humanos, somos animais, evoluímos a partir dos animais. Nosso corpo está na natureza, faz parte dela. Como os animais, nascemos, envelhecemos e morremos. A fisiologia humana não é muito diferente da dos chimpanzés. Até mesmo os genomas dos primatas e dos humanos apresentam apenas ligeiras variações. Mas os humanos são diferentes de todos os outros animais. Os chimpanzés podem se comunicar, mas não podem falar. Eles não leem, não têm cultura. Em todo o reino animal, a criatura humana é a única dotada de linguagem. A mente humana é sublime, "sobrenatural", vai além da natureza, destaca-se dela, mesmo que apenas como observadora. Ao mesmo tempo, a mente humana também está na natureza, pertence a ela, pois evoluiu da vida orgânica. A evolução da linguagem dotou-nos de uma capacidade única: a de escolher. Ao contrário dos animais, podemos examinar a nossa própria mente e modificar os nossos pensamentos.

Os animais não fazem escolhas da mesma maneira que os seres humanos. Eles podem até escolher, buscam o prazer e evitam a dor, preferem o que tem gosto bom e o que faz que se sintam bem, mas não fazem escolhas *morais*. Para podermos transformar as emoções que nos causam sofrimento, precisamos estar clara e plenamente conscientes da capacidade exclusivamente humana de escolher. *Se o que queremos é moldar a nós mesmos onde isso for possível, direcionando o nosso próprio processo de desenvolvimento e amadurecimento, então, antes de mais nada, devemos afirmar que, graças à nossa natureza fundamental, podemos fazer isso.*

Ao longo dos trezentos anos decorridos desde o surgimento da Ciência, estivemos debatendo se a natureza humana é moldada basicamente pela natureza ou pela cultura. Somos, principalmente, animais, governados por leis biológicas? Ou somos como quadros em branco ao nascer e vamos sendo gradativamente influenciados pela cultura, pelas condições sociais e por nossas experiências pessoais? Os cientistas dizem que devemos ser ou uma coisa ou outra (ou ambas), porque apenas as explicações causais são consideradas cientificamente válidas. Para a Ciência, afirmar que a base fundamental da natureza humana se assenta na capacidade de fazer escolhas morais e significativas é um anátema. Essa ideia é vista como regressão aos tempos pré-científicos, quando o nosso conhecimento da natureza humana era baseado nos textos sagrados, nos profetas e nos filósofos.

* * *

Os mais radicais defensores da ideia de que os humanos são basicamente animais são os biólogos especializados em evolução e os psiquiatras de viés biológico. Por razões sociais e políticas que não esmiuçaremos aqui, esses dois grupos de profissionais estão, no momento, usufruindo de uma crescente onda de popularidade. A expressão "psiquiatria biológica" contém uma contradição análoga à que está presente em "natureza humana", no sentido de que "psique" se refere à mente ou à alma, enquanto "biologia" alude ao corpo. A psiquiatria biológica reduz a mente ao corpo. Os biólogos postulam que uma variedade cada vez maior de comportamentos humanos "normais" é causada pelos genes e pela fisiologia do cérebro. A psiquiatria biológica lista uma quantidade cada vez maior de comportamentos humanos "anormais" (perturbadores) como doenças causadas por genes defeituosos ou uma química cerebral imperfeita. Em ambos os paradigmas, a cultura desempenha um papel secundário. As duas correntes, a psiquiatria biológica e a biologia, afirmam que as causas fundamentais da raiva, da agressividade e da violência são fisiologicamente determinadas.

Os adeptos do viés cultural acreditam que a natureza humana é uma potencialidade maleável pós-formada, moldada por experiências pessoais e pelo conjunto família, cultura e sociedade. Eles negam ou minimizam a influência do corpo nos pensamentos, emoções e comportamento humanos. Acreditam que as causas da raiva, da agressividade e da violência se encontram nas outras pessoas e na sociedade. Uma vez que se pautam pelos modelos e métodos das ciências físicas, as explicações psicológicas e sociológicas também são causais e deterministas. Os adeptos do viés cultural excluem o corpo. Os naturalistas excluem a mente. Nenhum deles, em seus paradigmas, reserva um lugar satisfatório para o livre-arbítrio.

Por outro lado, se consideramos que a raiva, a agressividade e a violência são governadas pela vontade e escolhas humanas, seremos obrigados a concluir que a situação humana pode ser aprimorada pelo discurso moral, pela boa vontade, por escolhas conscientes e esforços deliberados. Se depreciamos a capacidade humana de fazer escolhas, considerando-a uma ilusão ou entendendo-a como um enigma incidental excessivamente nebuloso para ser levado em conta, então tornamos nossa linguagem cotidiana uma fraude, e só podemos nos explicar como autômatos.

Nós, seres humanos, somos como os animais no sentido de que *temos um corpo*. Pertencemos à ordem biológica das coisas, à grande cadeia do ser. Encontramos nesse modelo da natureza humana uma característica especialmente interessante e crucial, que compartilhamos com todos os demais seres vivos. Trata-se do elemento biológico precursor da capacidade humana de escolha.

Todos os seres vivos buscam manter a vida (do indivíduo e/ou da espécie) e evitar a morte. Essa aproximação e afastamento em relação à vida e à morte, respectivamente, é a resposta mais fundamental à percepção de fenômenos em todas as ordens biológicas. Neste livro, esse fato será denominado "reatividade bipolar".

Os organismos unicelulares, por exemplo, são direcionados por tropismos. Tropismo é o movimento de uma parte ou da totalidade de um organismo em resposta a um estímulo externo. Os paramécios são heliotrópicos. Aproximam-se da luz (ou do sol) e afastam-se da escuridão. Os organismos em geral se aproximam do prazer e evitam a dor, buscam a segurança e sua manutenção e se esquivam do perigo e de ferimentos. Essa motivação bipolar é o instinto da sobrevivência, a inteligência básica da força vital. Reflita sobre essa polaridade. É ela que energiza seu corpo e sua mente:

DESEJO   --   AVERSÃO
(eu gosto, eu quero) -- (eu não gosto, eu não quero)

A premissa mais bem consolidada da psicologia behaviorista é que todos os animais, os humanos inclusive, são motivados por desejos bipolares. Ratos, macacos e humanos, todos podem ser treinados para realizar determinada ação por meio de reforços positivos, isto é, associando-se a ação a um estímulo prazeroso, ou para evitá-la, associando-se a ação à dor. Freud deu uma denominação elegante a esse princípio universal da reatividade bipolar, chamou-o de "princípio do prazer". Existe, no entanto, uma diferença significativa entre a reatividade bipolar dos animais e a dos humanos, que corresponde à diferença entre a mente animal e a mente humana.

A principal diferença entre a mente humana e a animal – justamente o fator do qual depende a escolha moral – é a capacidade humana da linguagem, da fala e da escrita. A evolução da linguagem criou uma nova forma de consciência, uma nova esfera da realidade, em que símbolos, ideias e significados são mais importantes que as coisas físicas. Por meio da linguagem, os objetos adquirem uma existência simbólica, isolada do objeto físico em si. A palavra "árvore" tem um significado, mas é diferente da árvore objetiva. A linguagem pode se referir a algo que existe mas não está presente: a pessoa querida que está longe, as chaves do carro que não encontramos. Também pode se referir a alguma coisa que não existe concretamente: um coelho com chifres, um ideal, uma utopia, um fantasma.

A linguagem nos dá a capacidade de nomear e, portanto, de estabelecer distinções: eu, (não) você; nós, (não) eles; perto, (não) longe; em cima, (não) embaixo; dentro, (não) fora etc. A própria consciência linguística é bipolar e tem sido igualmente chamada de consciência "dialética" ou "dualista". Essa consciência funciona por meio de categorias antitéticas como "igual" e "diverso", nas quais se baseiam todos os sistemas de classificação. Toda distinção é ao mesmo tempo uma exclusão: "isto sim, aquilo não".

A capacidade de estabelecer distinções nos capacita a escolher. Se posso distinguir entre "isto" e "aquilo", posso escolher um dos dois. Quanto maior o número de distinções possíveis, mais escolhas eu tenho.

Na medida em que a linguagem e a capacidade de escolher evoluíram, o mundo ficou mais rico e mais complexo. A distinção entre memória e previsão e entre passado e futuro deu origem à noção de tempo histórico. A percepção de que alguns atos têm consequências desejáveis e outros, indesejáveis, fez surgir a ética. A capacidade de nomear aperfeiçoou a percepção consciente da existência de um "eu" e um "outro", gerando a consciência social. Os conceitos antitéticos de "eu" e "outro" são os alicerces da sociedade humana.

As teorias da personalidade são ideias sobre a natureza e o desenvolvimento do eu. A conexão entre linguagem e percepção de si mesmo se revela na etimologia do termo "personalidade". *Persona* é uma palavra latina que se refere às máscaras usadas pelos atores no teatro romano e tem o duplo significado de "máscara" e "caráter". A raiz latina de *persona* é *sonum*, que significa "som". Originalmente, a palavra *persona* queria dizer "o som que atravessa a máscara" (*per sonum*). A *persona* de um ator numa peça de teatro é criada pela máscara – ou rosto – e pela fala, que evidenciam seu caráter. A etimologia de "personalidade" revela como a percepção de si mesmo se baseia na linguagem (inclusive nas ações mais significativas) e nos relacionamentos com os outros.

A consciência de si e do outro cria uma nova forma de relacionamento, que não está presente no mundo animal, e em que os indivíduos se relacionam uns com os outros muito mais pela linguagem do que por intermédio do corpo. Nossa percepção de nós mesmos e dos outros está baseada não somente em sensações corporais, mas também nos significados que a linguagem atribui ao corpo, à mente e aos atos – forte ou fraco, inteligente ou estúpido, bom ou mau.

Do mesmo modo que os animais, não nascemos com um *conceito* de nós mesmos. Em humanos, esse conceito se desenvolve com a evolução da linguagem. Esta é adquirida e aprendida e constitui o pré-requisito para tudo aquilo que é peculiarmente humano. O conceito de si mesmo é uma ideia igualmente adquirida e aprendida.

Como vimos, os animais e os humanos desejam o prazer físico, a segurança e a sobrevivência, e ambos evitam a dor física, o perigo e a morte. Mas a mente humana, que é linguística, também abstrai e sublima esses desejos e temores, e os inclui na noção de si mesmo ou noção de "eu". *O desejo de prazer é sublimado como desejo de felicidade. O desejo da vida é sublimado como desejo de viver para sempre. O medo da dor é sublimado como ansie-*

dade em relação à infelicidade futura. E o medo da morte é sublimado como medo da autonegação. Assim, a natureza humana é caracterizada tanto pela polaridade biológica dos desejos e aversões de ordem física, como pela polaridade psicológica dos desejos e aversões pessoais. Compreender esse processo é indispensável para a transformação da energia da raiva, da agressividade e da violência.

Podemos representar essa ideia em um diagrama simples, no qual o desejo e a aversão estão integrados em um modelo da natureza humana capaz de assimilar tanto as respostas reflexas de nossa natureza biológica como as respostas abstratas e conscientemente motivadas de nossa natureza linguística.

```
              EGO
DESEJO    – ^ –    AVERSÃO
             CORPO
```

A percepção de si (ou ego) está ligada à busca da felicidade e à repulsão da infelicidade. *O instinto de sobrevivência, no ser humano, é sublimado como esforço para manter uma percepção duradoura de si mesmo, o que é valorizado num campo de significados sociais.* Para podermos falar com coerência de uma solução para a agressividade e a violência humanas, temos de começar pelo entendimento claro da relação entre estas e o desejo universal de felicidade.

O desejo de felicidade é aquele estado em que queremos o que não temos ou o que não podemos ter. É um estado de privação infeliz. Se estivéssemos felizes, não buscaríamos a felicidade. O avesso do desejo de felicidade é a insatisfação, a frustração e a dor que acendem o fogo da raiva, da agressividade e da violência.

Embora todo o mundo brinde à saúde, à riqueza e à longevidade, cada um tem sua própria fórmula de felicidade. Se você perguntar a uma pessoa qualquer o que a deixaria feliz, ela lhe dirá o que deseja e o que não deseja. Um estudante pode dizer que ficará feliz se tirar boas notas e concluir o curso, e que ficará infeliz se tiver notas baixas e for jubilado. Um empresário pode dizer que ficará feliz se ganhar dinheiro e infeliz se perdê-lo. Outra pessoa pode ficar feliz quando encontrar um(a) companheiro(a) e constituir família, e infeliz enquanto isso não acontecer. Alguém ficará feliz quando comprar um carro novo, ou quando tiver uma nova aventura sexual ou quando sair de férias. Muitos poderão ficar felizes se conseguirem fumar um cigarro, beber algo ou consumir um pouco de droga.

As pessoas dizem que estão felizes quando têm o que querem e podem evitar o que não querem. Por outro lado, afirmam estar infelizes quando não conseguem o que querem ou não podem se furtar ao indesejado. Todos têm seu "projeto de felicidade", que os leva a buscar o que acham que os fará felizes no futuro e a evitar o que acham que os fará infelizes. A nossa noção de valor pessoal depende do sucesso de nosso projeto de felicidade. Quando pensamos que seremos felizes no futuro, somos felizes hoje e nos sentimos bem a nosso respeito. Se pensamos que seremos infelizes no futuro, ficamos deprimidos hoje e nos sentimos mal a nosso respeito. Uma pessoa feliz tem autoestima elevada. Uma pessoa infeliz sente-se desvalorizada. As pessoas cometem suicídio quando estão infelizes e não conseguem se imaginar felizes no futuro. É difícil imaginar uma pessoa feliz com autoestima baixa, ou uma pessoa infeliz com autoestima elevada.

O problema é que nossos projetos de felicidade têm uma falha trágica, que também está presente no cerne da natureza humana. Os gregos antigos tinham uma percepção muito nítida da tragédia como uma escuridão intrínseca à vida humana; para eles, todos os projetos de felicidade estavam fadados ao fracasso ou ao desvanecimento, e, finalmente, à morte. Freud pensava que os humanos não estavam destinados a ser felizes. "Tudo vai contra isso", dizia. Ele identificou três causas principais para a infelicidade humana: o corpo, a natureza e os relacionamentos. O corpo causa infelicidade porque não é duradouro e está condenado a doenças, padecimento e morte. A natureza causa infelicidade porque é indiferente aos nossos desejos e periodicamente nos inflige destruições. Os relacionamentos causam infelicidade porque nossos desejos são conflitantes e todos queremos que as coisas aconteçam do nosso jeito.

Nossos projetos de felicidade são falhos porque nossos desejos e receios são intermináveis e conflitantes. Às vezes, entram em conflito com os desejos e receios de terceiros e podem desencadear atos de violência, mortes ou guerras. Outras vezes, o conflito se dá entre nossos próprios desejos e receios – a essência do conflito neurótico. Enquanto vivermos, sempre existirá mais a desejar, mais a colher e a comer, mais vida para viver, mais promoções a almejar. Não existe fim para isso, não há um paraíso na Terra, um lugar onde todos os desejos são satisfeitos e todas as coisas indesejadas são evitadas. A fonte de nossa infelicidade está em não podermos ter tudo o que queremos e evitar tudo o que não queremos, e no fato de a frágil autoimagem que construímos ser tão vulnerável à negação, à decepção e à morte.

O medo da morte não termina enquanto nossa própria morte não dá cabo dele. A morte, enfim, condena todos os nossos projetos de felicidade e faz desvanecer nossa autoimagem, a menos que tenhamos descoberto a chave da imortalidade (ou pensemos tê-lo feito).

* * *

Certa vez, pedi a um lama tibetano que definisse "neurose", termo que seu tradutor costumava usar para se referir ao sofrimento psicológico. Ele disse: "Neurose é um complexo de desejos, aversões e sofrimento." Ele não tinha estudado o pensamento psicanalítico, mas tenho certeza de que Freud teria concordado com essa definição. Nossos desejos e temores tecem uma trama emaranhada de conflitos. Às vezes, queremos comer sobremesa e, ao mesmo tempo, perder peso. Ou queremos dinheiro, mas não queremos trabalhar. Ou queremos nos casar, mas ficar livres de obrigações. *Aquilo que achamos que nos fará felizes é justamente o que nos causará sofrimento.* Todas as emoções dolorosas são geradas por projetos de felicidade fracassados.

A noção humana de "eu" é extremamente delicada e vulnerável às vicissitudes da vida. Uma ameaça séria ao nosso projeto de felicidade é uma ameaça à nossa identidade e pode ser vivenciada como uma ameaça à nossa própria vida. Diante de ameaças à sua vida e integridade física, a reação dos animais é de fuga ou luta. Eles ou lutam ou fogem, para derrotar o perigo ou esquivar-se dele. Os seres humanos reagem da mesma maneira para defender sua identidade. *A raiva, a agressividade e a violência humanas são as respostas de luta a tudo o que é percebido como ameaça ao próprio "eu" e seu projeto de felicidade.*

A transformação da energia da raiva requer uma investigação profunda de nossa natureza básica e exige que nos familiarizemos com ela. O oráculo de Delfos advertia os gregos: "Conhece-te a ti mesmo!". Nesse sentido, conhecimento é mesmo poder. Com o autoconhecimento vem o poder de controlar a si próprio, de se curar e de transformar a energia da raiva, da agressividade e da violência.

Transformar a si mesmo significa estabelecer uma relação diferente consigo e com a vida. Trata-se de um projeto radical. Significa compreender que sua mente permite que você faça escolhas relevantes e pertinentes, e que o que você faz tem importância. Significa tornar-se uma pessoa mais madura. O ideal da maturidade é expresso nesta versão da Prece da Serenidade: a coragem, temperada pela moderação e pela compaixão, para fazer o que se quer e evitar o que não se quer; a serenidade para aceitar não ter o que se deseja e ter o que não se deseja; e a sabedoria para perceber a diferença entre ambos e agir de modo responsável. Significa compreender tanto seu poder como sua impotência. Uma boa definição de maturidade é "disposição para desistir, para abrir mão". As crianças exigem. Os sábios abrem mão. O sábio dá mais atenção ao que ele próprio oferece à vida do que ao resultado disso. *O segredo da transformação da energia da raiva é, ao mesmo tempo, abrir mão daquilo que você quer, quando perseguir implacavelmente esse objetivo trouxer sofrimento a você e aos outros, e abrir-se ao indesejado que você não consegue evitar, por mais doloroso que isso seja.*

Nas próximas páginas, ofereço um guia em sete passos para compreender e transformar a energia da raiva. Para ter êxito, você precisa ter coragem e disposição para olhar para si próprio e assumir o firme compromisso de se curar. Se empreendido com paciência, zelo e perseverança, este programa de sete passos trará frutos. Se praticado superficialmente, sem convicção ou na esperança de resultados instantâneos, seguramente fracassará.

3. Passo um: Tomar consciência I

Conscientização

O PRIMEIRO PASSO no caminho da compreensão e cura da raiva, da agressividade e da violência é tomar consciência dessas emoções. Não me refiro a uma percepção intelectual delas ou a uma recordação fugaz de ter sentido raiva em algum momento passado e ao rápido reconhecimento desse fato. O que quero dizer é que é preciso interiorizar sua atenção e, nos recessos de sua mente, familiarizar-se com os panoramas e maremotos da raiva, da agressividade e da violência, em todas as suas texturas, aspectos e sutilezas.

A raiva é uma emoção humana normal. Todo o mundo sente raiva. Como está implícito na palavra, emoção é uma energia que nos move e que gera energia e ação. A raiva é uma emoção que se manifesta como experiência interior, como um complexo de sensações corporais, e como pensamento, fala e ação.

A raiva pode levar à agressividade e à violência. O termo "agressividade" é derivado do latim *aggredi*, que significa "atacar". Nem toda agressividade é movida pela raiva. Um jogador de xadrez pode atacar agressivamente o oponente sem sentir raiva. O jogador de futebol ou o boxeador podem ser agressivos sem sentir raiva. Porém, quando a raiva é o combustível da agressividade, ela pode se tornar destrutivamente violenta.

Como a raiva é uma emoção, o primeiro passo no caminho da compreensão e cura da raiva, da agressividade e da violência consiste em voltar sua atenção para dentro de você. A raiva é gerada na mente. Para conhecer melhor essa energia flutuante, primeiro devemos estar dispostos a cultivar uma intimidade direta e profunda com a nossa própria mente. Para podermos aprender a domar as energias da mente, devemos travar conhecimento com ela, assim como um treinador se aproxima do cavalo que está tentando domar.

Na maior parte do tempo, nossa atenção volta-se para fora de nós mesmos, para as demais pessoas, para as coisas e os acontecimentos. Estamos interessados em saber como as coisas vão. Se elas estão indo do jeito que queremos. Se, de manhã, o carro vai pegar. Se o chefe gosta de nós ou se estamos correndo risco de demissão. Se nossa família está sã e salva. Se vamos conseguir o que queremos e evitar o que não queremos. Se nossos planos de felicidade futura serão realizados ou frustrados.

* * *

Quando ficamos com raiva, geralmente culpamos fatos externos. Alguém não agiu direito. As coisas não deram certo. Mas se a raiva é cultivada na mente, se é uma *reação* às pessoas e aos acontecimentos, então, podemos domar essa energia. As outras pessoas e os fatos externos podem nos provocar, mas não são a causa de nossa raiva. Lembre-se desta lição essencial: a raiva surge na sua mente. Você só poderá saber disso pela interiorização, pela introspecção, dirigindo sua atenção para a própria mente, e só poderá domar sua raiva treinando sua mente. Isso significa que você tem a opção de processar a provocação, refletir sobre ela, avaliá-la e *escolher* uma resposta. Sua mente age como um intermediário entre os eventos externos que a provocaram e o seu corpo – sua fala e suas ações. Alguém pode apontar uma arma para você, mas é você quem escolhe entre lutar com essa pessoa, fugir ou levantar as mãos. Sua esposa pode gritar com você, mas cabe a você a escolha entre ouvi-la, defender-se ou retrucar. Lembre: a essência de sua humanidade está em sua capacidade de escolher.

Todos nós queremos fazer escolhas inteligentes, escolhas certas. Para tanto, devemos compreender como a nossa mente trabalha. Felizmente, não precisamos reinventar a roda. Desde os primórdios da autoconsciência humana, as pessoas têm empreendido viagens interiores, procurando se entender e dominar. Com o tempo, surgiram muitos métodos para o desenvolvimento da autoconsciência. Nos Estados Unidos, hoje, a psicoterapia é o método mais popular de exame e análise da mente, e quando as pessoas têm problemas psicológicos ou emocionais costumam buscar a ajuda de um psicoterapeuta.

As pessoas procuram a psicoterapia porque estão infelizes, sofrendo mental e emocionalmente. Na maior parte do tempo, elas não têm uma ideia muito clara de por que estão sofrendo ou se sentem infelizes, e não sabem o que fazer a respeito. A terapia pode ajudar a investigar a natureza do sofrimento dessas pessoas, relacionando-o com problemas que estejam ocorrendo na vida delas e explorando possíveis alternativas para amenizá-los. O terapeuta habilidoso é um guia que promove o autoconhecimento e incentiva a adoção de ações construtivas. Nesse sentido, a terapia é uma atividade educacional. O cliente é o agente de mudança. Nos quarenta anos de atendimento como psicoterapeuta, nunca mudei ninguém. Nunca "extirpei" a raiva de ninguém. Mas muitas pessoas mudaram por si mesmas, exercendo seu próprio poder de escolha.

Infelizmente, a psicoterapia se submeteu à influência dominadora da psiquiatria médica. Muitos psicoterapeutas, tanto os de formação médica quanto os que têm outro tipo de formação, acreditam que sua tarefa consiste em diagnosticar e "tratar" seus pacientes, e não em ajudá-los a entender os meandros do funcionamento de sua mente e a se curar. Sob a égide do modelo médico, está sendo preparado um movimento tragicamente equivocado para enquadrar o psicoterapeuta nos mesmos termos que o médico e avaliar a psicoterapia segundo critérios "objetivos" que copiam medidas quantitativas próprias das ciências físicas. Mas psicoterapia é diferente de medicina.

O médico habilidoso pode ou não ser capaz de curar um paciente, mas pratica sua arte como um sujeito relativamente passivo. Nenhum cirurgião pede a seu paciente que entenda as minúcias do corpo humano e o ajude, guiando o bisturi. O paciente precisa apenas seguir as instruções do médico. Na psicoterapia, muitas coisas também dependem da habilidade do terapeuta, mas o resultado da psicoterapia decorre das motivações e capacidades do cliente. Já escrevi extensamente sobre o modelo médico e suas funções e limitações sociais. Aqui, basta acrescentar que, na minha maneira de ver, o modelo médico é uma metáfora que considera a mente um órgão físico e, assim, atrapalha o entendimento e a ajuda prestada ao cliente em seu esforço de se curar como pessoa.

Deixando o modelo médico de lado, vemos que as pessoas buscam terapia por problemas que podem ser mais bem compreendidos como dilemas existenciais. Elas não nos trazem doenças; trazem problemas da vida. Podem ter sido influenciadas pela ideologia psiquiátrica e pela publicidade na mídia, e expõem em voz alta conjecturas sobre seu diagnóstico psiquiátrico e sua química cerebral. Mas, no fundo, não se importam de verdade com seu diagnóstico, exceto, possivelmente, quando pensam no reembolso do plano de saúde. O que elas querem mesmo é se sentir melhor e desfrutar a vida. A palavra "paciente" vem do grego *pathos*, que significa "sofrimento". Patologia, paciência e paciente são termos derivados do mesmo radical e, em seu núcleo, conotam sofrimento. Quer os chamemos de pacientes ou clientes, os que vêm a nós em busca de ajuda são sofredores. Todos sofrem, os psicoterapeutas inclusive. Somos todos "pacientes" sofrendo com as atribulações da vida e da morte, e, para isso, buscamos alívio.

Minha abordagem psicoterapêutica evoluiu quando rejeitei o modelo médico como paradigma mais eficiente para compreender o sofrimento psíquico humano e dediquei minha atenção à vasta exegese da psicologia humana presente na tradição da sabedoria budista, a qual é notavelmente precisa. Os sete passos delineados neste livro são uma síntese entre a psicologia ocidental e a psicologia budista.

Um ensinamento budista básico expõe "os quatro pensamentos que fazem que a mente se volte para si mesma". Em linguagem comum, esses pensamentos ensinam que a felicidade não se encontra no mundo externo, mas a infelicidade também não. Felicidade e infelicidade são atributos da mente. Naturalmente, queremos ser felizes para sempre, mas nossas experiências são marcadas pelo sofrimento, pela impermanência e pela falta de uma substância duradoura em todas as coisas. Não queremos nos separar das pessoas e situações que amamos, mas tudo muda. Tudo aparece e desaparece. Nosso corpo é precioso para nós, porém está destinado a morrer. O que fazemos a respeito desse difícil problema é importante. O modo como nos portamos e cuidamos faz toda a diferença para a nossa felicidade e a de outras pessoas.

Esse mesmo esclarecimento é expresso no conceito hindu de *kundalini tantra*. Para essa tradição, a força vital é metaforicamente descrita como uma serpente enrolada na base da coluna vertebral. O corpo sutil, isto é, a mente, tem sete nódulos de ascensão, os *chakras*, representando estágios na evolução da consciência. Os três *chakras* inferiores, abaixo do diafragma, são a sede das funções corporais básicas, ou funções animais: o desejo de alimento, de sexo e de poder. A fim de transformar o sofrimento causado pela energia dos *chakras* inferiores, a prática do *kundalini tantra* eleva essa energia até os centros superiores: o coração compassivo, a fala inteligente, a sabedoria e a alegria. A ascensão da energia *kundalini* é uma metáfora para a transformação deliberada do eu desde o *chakra* da base até o mais sutil, ou a transmutação do sofrimento em felicidade. Apesar de ser uma metáfora, o *kundalini*, diferentemente do determinismo do modelo médico, guia o esforço consciente do sofredor até um estado "superior" de consciência.

* * *

Não surpreende que a mesma ideia seja expressa pelo pensamento cristão. O evangelho cristão representa uma evolução do pensamento, que parte da conformidade ostensiva aos ensinamentos de Moisés sobre as leis e condutas e chega às dimensões interiores da vida espiritual. Um dia, pedi ao meu professor Khenpo Karthar Rinpoche que definisse a palavra "espiritual". A resposta dele foi inesquecível: "É tudo que pertence à mente." Os ensinamentos de Jesus oferecem uma solução para o problema do sofrimento humano e da violência que vai além da regulamentação externa da conduta e prega a transformação voluntária do eu interior.

Conforme o cristianismo evoluía, a complexidade da noção humana de eu também evoluía, e o problema do alívio do sofrimento passou a ser formulado como uma metáfora da transformação interior. Santo Agostinho (354-430 d.C.) ensinava que o caminho espiritual é uma jornada da cidade terrena da humanidade para a cidade celestial de Deus – que parte do desejo de prazeres sensoriais até chegar à compreensão racional, à sabedoria, ao estado de graça e à felicidade.

No pensamento ocidental não cristão, essa mesma ideia é expressa pelos estoicos, entre eles, Epicteto (c. 55-c. 135 d.C.), que provavelmente foi influenciado pela tradição budista, levada da Índia até a Grécia pela Rota da Seda. Esse filósofo dizia: "O que perturba a mente das pessoas não são os acontecimentos, mas seus julgamentos sobre o que acontece." Para Epicteto, bem e mal, sofrimento e felicidade são consequências das escolhas humanas. Segundo essa tradição, o caminho para a felicidade está no desenvolvimento da consciência, da razão e da capacidade de efetuar escolhas racionais.

A mesma ideia está na base da moderna psicoterapia cognitiva. Albert Ellis, fundador da terapia racional-emotiva comportamental (Trec), esclarece o "ABC da raiva". O princípio básico da Trec é que a raiva não é causada por eventos externos ativadores (A), embora eles, certamente, sejam pertinentes, mas por crenças irracionais (B), que nos levam à consequente rejeição da vida (C) como ela é e das demais pessoas como elas são, rejeição que faz brotar emoções dolorosas. Uma visão pouco realista do mundo leva a julgamentos errôneos e atitudes imprevisíveis, que nos causam dor e são dolorosas também para outras pessoas. A raiva que sentimos das pessoas não é causada pelo que elas fizeram, mas pela maneira como avaliamos seu comportamento em relação aos nossos próprios interesses. Nossos julgamentos, crenças e escolhas são produtos de nossa mente. Nossos interesses e desejos são produtos de nossa mente e de nosso corpo. A mente é a mediadora entre o evento ativador e a consequente explosão de raiva.

Literalmente, "psicoterapia" significa tratar da mente (ou psique). Os psicoterapeutas experientes e hábeis adotam diversas técnicas para aperfeiçoar sua capacidade de entendimento. Quando eu era residente de psiquiatria, aprendi uma técnica importante, que ainda uso com frequência. Um dos meus professores aconselhou-me a fazer o seguinte: "Quando o paciente falar de sentimentos, pergunte-lhe sobre os pensamentos que acompanham esses sentimentos. E quando falar de uma ideia ou contar uma história, pergunte-lhe que sentimentos ele experimenta quando pensa naquilo." A linguagem humana, o pensamento, os desejos e aversões tecem uma trama única. O terapeuta experiente sabe quais perguntas formular para levar o paciente a se conscientizar de seus pensamentos e sentimentos. Se o terapeuta sabe como trabalhar com sua própria mente, ele pode ajudar o paciente a fazer isso com a dele.

Quando entrevisto um paciente pela primeira vez, me pergunto: qual é a natureza de seu sofrimento? De que emoção negativa essa pessoa está sofrendo? Está ansiosa? Deprimida? Com raiva? No decorrer dessa primeira entrevista, observo o paciente com cuidado em busca de indícios. A terapia começa com a percepção que o terapeuta tem do paciente e depende dessa conscientização. Sem isso, ele não pode ajudar o paciente a se tornar consciente de si mesmo. O que diz a sua expressão facial? Sua testa está tensa e enrugada, sua boca está caída, expressando tristeza, ou apertada, contendo a raiva? O seu corpo está tenso ou descontraído? Parece confiante ou confuso? Mantém distância, como se estivesse com medo de mim? Está tentando me impressionar ou me convencer? Ou me trata como um amigo de quem espera receber ajuda? É comum o paciente parecer zangado, mas não falar com raiva nem querer admitir que está furioso. Nessa situação, costumo dizer: "Você me pareceu zangado na sala de espera. Está com raiva?" Geralmente, a resposta é um lampejo de consciência, com um movimento inicial de negação e, via de regra, o posterior reconhecimento da raiva, o que lhe proporciona uma sensação de clareza e alívio.

À medida que percebemos melhor como a nossa mente funciona, defrontamo-nos com um trapaceiro interior. Atenção! A mente na qual brota a raiva é a mesma que a alimenta, esconde, insufla, justifica ou suprime. É por isso que o primeiro passo é crucial. Antes de podermos entender, acolher, domar e transformar nossa raiva, precisamos reconhecê-la claramente, admiti-la com franqueza. O que não é nada fácil.

Seja buscando a ajuda de um terapeuta ou nos lançando sozinhos nessa empreitada, a autoconsciência é uma precondição para compreendermos e curarmos nossa raiva. Adquirindo consciência de como a nossa mente funciona, podemos descobrir os meios pelos quais criamos a raiva e o que nos permitirá curá-la. Se percebermos que estamos cultivando crenças irracionais, ideias que se baseiam em falsas premissas, suposições equivocadas ou uma lógica desvirtuada, podemos examinar todo esse conteúdo e corrigi-lo. Se descobrirmos que nutrimos desejos, esperanças e expectativas que não podem ser alcançadas, temos a opção de abrir mão de tudo isso.

Os psicoterapeutas e seus pacientes/clientes podem se beneficiar da sabedoria das muitas tradições, práticas, filosofias e ensinamentos que existem além dos limites da psicologia ocidental tradicional. Desenvolver a autoconsciência é empreender uma jornada interior, rumo ao cerne de nosso ser. Estamos falando da jornada mítica do herói, em busca de um nobre objetivo, que se aventura audaciosamente rumo ao desconhecido, enfrentando os mais negros terrores e os mais temíveis obstáculos. O caminho do autoconhecimento atravessa a noite escura da alma. Como me alertou meu primeiro mestre, Agehananda Bharati, quando eu lhe disse que iria procurar um professor budista: "Não é um caminho para fracos."

Nossa atenção costuma estar dirigida para fora de nós mesmos, para as outras pessoas e os acontecimentos. Na primeira sessão, pergunto aos meus pacientes: "Qual é o problema? Com o que você está infeliz? Qual é a sua dor?" Peço que me contem histórias de sua vida. Eles falam dos pais, das esposas e dos filhos, dos amores, do trabalho. O problema está fora deles: nos relacionamentos, no trabalho, em sua situação financeira. Ou estão descontentes consigo mesmos. Quando, esporadicamente, olham para dentro de si, sentem-se mal consigo mesmos. Culpam-se. Muitas vezes, queixam-se de ter sentimentos dolorosos. Sentem-se ansiosos sem saber por quê. Ou com raiva, que consideram legítima, mas não sabem o que fazer com ela. Às vezes, sentem-se deprimidos e, nestes tempos em que tanto se medica a mente, acham que estão com algum desequilíbrio químico ou com alguma vaga "doença" mental que lhes escapa inteiramente ao controle.

Ao mesmo tempo que nossa atenção está em geral voltada para fora de nós, ou para a confusão de nossas narrativas sobre nós mesmos, existe uma forte e inquieta corrente subterrânea de atividade mental, num fluxo constante logo abaixo da camada de percepção consciente, como a água em movimento sob o gelo. Chamo esse fluxo de atividade de "hipermentação", porque corresponde à atividade mental excessiva, desnecessária, que provoca sentimentos dolorosos. Não há nada errado em pensar, em usar a mente. Pensamos para solucionar problemas. Raciocinar é pensar. Conhecer é pensar. A Ciência e a lógica requerem o uso do pensamento. Pensar pode ser agradável, uma colagem cintilante de conversas gratificantes comigo mesmo, por meio de palavras, frases, imagens e histórias que conto sobre mim ou os outros, com lembranças, reminiscências, esperanças e planos, fantasias e devaneios – tudo ficção, tudo fabricado pela imaginação criativa. Mas o pensamento também pode se descontrolar, transformando-se numa torrente incessante, impossível de ser contida, de imagens e palavras, de desejos frustrados e aflições implacáveis que tornam a vida um pesadelo.

William James lançou uma ideia interessante sobre a função mental humana, em particular a inteligência. Influenciado por Darwin, ele acreditava que a mente humana evoluiu como uma ferramenta para a resolução de problemas de sobrevivência do indivíduo e da espécie. Isso faz sentido. A sobrevivência requer a resolução de problemas da existência. A mente humana é o instrumento mais evoluído que existe para a sobrevivência da espécie (e, quando descontrolado, para a sua extinção). O progresso moderno é fruto da ciência que, basicamente, é um método para solucionar problemas por meio de cuidadosas observações e reflexões. Do ponto de vista biológico, a mente é um recurso de busca, localização e resolução de problemas; por isso, as pessoas adoram quebra-cabeças. Buda também pensava assim a respeito da mente humana. Ele dizia a seus discípulos: "Seu ego é a soma de seus problemas." Sem problemas, não há necessidade de ego. A função do ego é rastrear o campo da vida para evidenciar a presença de problemas ou ameaças aos projetos de felicidade do indivíduo.

A hipermentação é o pensamento que desandou, ficou desgovernado. É a atividade aparentemente autônoma de uma mente indisciplinada, solucionadora de problemas, que obsessiva e incessantemente investiga o campo da vida em busca de satisfações e problemas. A mente ocupada é como o rastreador de rádio da polícia, que passa de uma estação a outra até encontrar uma frequência com algo interessante ou um problema. Devaneios, fantasias e imaginação criativa podem ser agradáveis, mas distraem a atenção, desviando-a do momento presente. São satisfações de desejos, motivadas pela busca do prazer e da felicidade. O outro lado da moeda da hipermentação é a preocupação, o medo de que as coisas deem errado. O ego não tem a menor dificuldade em encontrar problemas. Existem muito mais maneiras de as coisas darem errado do que de darem certo. A mente em hipermentação criará seus próprios problemas, quando não conseguir encontrar nenhum, e reagirá emocionalmente a eles com ansiedade, raiva ou depressão, como se eles realmente existissem. Uma grande parte de nosso sofrimento mental é provocada pelo pensamento indisciplinado, em que dificilmente prestamos atenção, mas que gira sem cessar em torno de problemas reais ou imaginários. Como dizia Mark Twain: "Ninguém sabe os problemas que enfrentei, a maioria dos quais nunca aconteceu."

Em surdina, esse fluxo relampejante de pensamentos, imagens e sentimentos segue em frente por si só, arrastando-nos para cá e para lá, sem que percebamos que grande parte de nossa história de vida está sendo escrita no escuro. Em geral, a maioria das pessoas funciona mais ou menos "no automático". Raras vezes dirigimos nossa atenção para nossa própria mente. Costumamos estar mais constrangidos ou incomodados conosco do que conscientes de nós mesmos. O que normalmente chamamos de constrangimento é, em geral, um estado exagerado de autorreferência diante dos outros. A pessoa autorreferente, incomodada consigo mesma, está pensando no que os outros estão pensando dela. É um estado de ansiedade que nos faz tropeçar.

Um de meus pacientes, um adolescente, estava com sua atenção tão voltada para como (segundo ele) os outros o viam que, quando entrava na lanchonete da escola, perdia seu ritmo natural de andar, o que aumentava ainda mais sua ansiedade e constrangimento, pois acreditava que os outros diriam que ele "andava esquisito". Estava preso numa armadilha que ele mesmo armara. Se tivesse uma percepção consciente de si mesmo, poderia ter reconhecido a presença de seu desejo de ser querido e seu receio de ser humilhado, e trabalhado esses conteúdos em sua própria mente, em vez de projetá-los nos outros e, tanto literal como figurativamente, acabar perdendo o equilíbrio. É importante distinguir entre a percepção consciente, que nos permite enxergar nossas emoções e trabalhá-las, e a autorreferência, que é apenas uma função da hipermentação preocupada e confusa.

Frequentemente encontro pessoas, dentro e fora do consultório, que parecem estar perdidas em seus pensamentos. Às vezes, eu lhes pergunto em que estão pensando. Em geral, se espantam com essa indagação. Olham para mim com expressão vazia e ficam surpresas ao se ouvir admitindo, com relativa vergonha, que não sabem ou não conseguem dizer. Ou descrevem apenas um fragmento pequeno e fugaz de um pensamento desconexo. O estado humano mental "normal" é um pensar constante, incessante – um fluxo enigmaticamente interligado de consciência, sensações, lembranças, sentimentos, desejos, receios e conversa à toa. E, no centro de toda essa narrativa, a estrela do espetáculo é sempre EU! É por isso que a primeira parte da jornada requer coragem. Familiarizar-se com a narrativa caótica, egocêntrica e geralmente sem sentido do nosso fluxo de pensamento é um processo desconcertante e doloroso. Descobrir assim, sem rodeios, que estamos literalmente "perdidos em nossos pensamentos" pode ser assustador. Mas se é aí que estamos, é por aí que devemos começar.

É consolador lembrar que somos todos neuróticos, cada um de nós. A mente "normal" sofre de um complexo de desejos e aversões conflitantes. O melhor que podemos fazer é nos tornar conscientes de nossas neuroses e aperfeiçoar a sabedoria de nossos pensamentos e nossa conduta. Por experiência própria, posso dizer que a meditação é o método mais direto e eficiente para desenvolver a autopercepção. A autopercepção não é um estado estável porque a experiência não é um estado estável. Com a prática da meditação, podemos aprender a observar nossos processos mentais, em sua incessante flutuação, a partir de uma perspectiva mais isenta e distanciada. Sem necessariamente chegar à compreensão intelectual de nós mesmos, podemos descobrir de maneira direta como nossa mente funciona. A mente tem suas causas e efeitos, suas motivações e intenções, e pode perceber conscientemente e avaliar as possíveis consequências de cada uma dessas coisas.

A ideia de *karma*, frequentemente mal compreendida, está relacionada às nossas motivações e intenções e suas consequências. Muitas pessoas pensam que o termo significa algo como "fado" ou "destino". De fato, esse sentido faz parte da noção de *karma*, mas é só metade de seu significado. *Karma* vem de uma palavra em sânscrito que quer dizer "ação". Especificamente, significa "ação deliberada". Além disso, também quer dizer "ação deliberada e suas consequências". Conforme desenvolvemos a consciência de nossos desejos e aversões, e percebemos nossas intenções, também desenvolvemos a capacidade de distinguir as consequências disso.

A filosofia budista define *karma* como a inelutável lei moral de causa e efeito. Encontramos uma variação desse princípio em todas as tradições de sabedoria. Ele expressa uma percepção milenar de que boas ações levam a boas consequências e más ações, a más consequências. Deixando de lado, por ora, as definições de ação boa e ação má, ou de boa consequência ou má consequência, o princípio do *karma* é que nossas intenções e ações têm consequências que moldam nossas experiências futuras. É esse o significado do antigo axioma grego, "caráter é destino". Nosso caráter é moldado pelo que fazemos, isto é, pelo modo como nos relacionamos com nossos desejos, aversões e interesses particulares. O que fazemos, importa. O modo como pensamos e agimos moldará nossa vida e nossa felicidade futura, assim como a vida e a felicidade de outras pessoas.

Uma vez me perguntaram como a prática de meditação me ajuda no trabalho como psicoterapeuta. Eu disse que ela me ajuda a compreender quem eu sou e como minha mente funciona, e, assim, posso ser mais bem-sucedido ao ajudar os outros a se ajudarem. Não imponho a ninguém a prática de meditação, nem mesmo sugiro que façam isso. As pessoas podem ser ensinadas a acalmar o corpo e a mente sem dar a esse processo o nome de "meditação". Embora algumas formas de meditação sejam praticadas no contexto de crenças religiosas, o método apresentado aqui não faz a defesa nem a promoção de nenhuma religião. Trata-se simplesmente de um método para o desenvolvimento e a prática da percepção consciente.

Muitos psicoterapeutas praticam meditação regularmente. Eles entraram em grupos de meditação ou participaram de retiros para aprender a praticá-la. Nas noites de sexta-feira, ofereço sessões gratuitas de meditação no meu consultório, inteiramente desvinculadas de meu trabalho em psicoterapia. Meus pacientes escolhem se querem ou não participar. A tradição ou a linha a que o instrutor pertence não faz a menor diferença. Para desenvolver a percepção consciente, não é preciso aceitar nenhuma religião ou doutrina, nem estudar teologia. Para trabalhar sua raiva, não existe nada melhor do que sentar e observar diretamente o funcionamento de sua mente.

O termo "meditação" vem carregado de conotações tendenciosas, pseudomísticas. O maior erro que as pessoas cometem é achar que "conseguirão alguma coisa" com a meditação. Seria mais exato pensar que poderão se livrar de alguma coisa. A prática da autoconscientização enfraquece nossa submissão involuntária à hipermentação. A autopercepção consciente atravessa a torrente de pensamentos e sentimentos que nos distraem do momento presente, o momento em que a vida realmente acontece. As esperanças e os receios não examinados que nos lançaram no torvelinho de comportamentos automáticos e reflexos perdem seu poder de nos jogar de lá para cá. Inicialmente, libertamos nossa cabeça de um enorme e imperioso barulho, que não tem nenhum sentido ou conteúdo. No próprio processo de autoconscientização de sua natureza, nós o desreificamos, tornando-o menos sólido, menos intratável.

Os hindus chamam esse ruído discursivo de "o véu de *maya*" – os pensamentos ilusórios, fictícios, que toldam nossa percepção de como as coisas são de fato. A Bíblia descreve isso como "ver como por um espelho, em enigma". O primeiro fruto da meditação básica é uma mente mais sossegada. Na tradição tibetana, a meditação básica do iniciante é chamada *shamatha*, que costuma ser traduzido por "residir na paz". Às vezes, também é chamada de "calma morada" ou "meditação tranquilizadora". A "tranquilidade" da meditação tranquilizadora é um estado de calma clareza, ou seja, o oposto da tranquilidade induzida pelas drogas calmantes, que levam a um estado mental de indefinição e entorpecimento.

Como compreender o emaranhado de nossas neuroses quando nossa mente é uma bagunça caótica e desgovernada de pensamentos fragmentados? Como trabalhar nossa raiva quando a experimentamos como uma inundação de impulsos urgentes e altamente intensos, misturados a pequenos e fugidios segmentos de narrativas, sensações físicas, lampejos da memória, acessos de medo e uma premência visceral para agir? É impossível. Todos os que começam a meditar percebem, muito rápido, que a mente tem "vida própria". Não existe nenhum iniciante que alcance a iluminação apenas dizendo para si mesmo, quando se senta para meditar: "Fique em paz! Fique quieto!" No começo, é suficiente apenas constatar, descobrir e admitir a "falação interior". Isso, em si, já é um grande passo rumo à autoconscientização. Chogyam Trungpa Rinpoche ensinava que a percepção consciente de nossa própria confusão é o primeiro passo rumo à clareza.

Com o tempo, podemos aprender a apenas reparar em tudo o que surge na mente, sem nos deixar arrastar emocionalmente. Podemos nos sentar e permanecer imóveis e não reagir de maneira reflexa à hipermentação. Podemos nos permitir descansar, calmamente assistir ao desfile de pensamentos e entrar num espaço silencioso, fora do alvoroço da falação mental. Podemos escolher estar simples e silenciosamente conscientes. Nesses momentos de quietude interior, as experiências acontecem de maneira muito mais clara e distinta. Somente então podemos descobrir qual é a fonte de nosso sofrimento e de nossa raiva.

Certa vez assisti a um seminário de que participavam o prezado lama tibetano Jamgon Kongtrul Rinpoche e um grupo de psiquiatras. Alguém perguntou a Rinpoche: "O que é meditação?" Rinpoche pareceu espantando e divertido. Fingiu não entender e, após uma breve consulta com seu tradutor, respondeu: "Meditação? Meditação? Eu não sei o que isso quer dizer. Nós temos outra palavra para isso, que significa 'prestar atenção.'" Qualquer que seja o estilo, meditar é prestar atenção.

Na meditação tradicional, em que a pessoa fica sentada, para que a atenção à mente seja adequada, é preciso deixar o corpo numa posição que favoreça essa interiorização. A postura tradicional de lótus, ou de pernas cruzadas, em meio lótus, é a melhor para focar a atenção na mente, mas você também pode se sentar com as pernas cruzadas na altura dos tornozelos, por exemplo, ou mesmo instalar-se em uma cadeira confortável. O ato de atenção requer uma postura de atenção. Essa postura não deve ser nem tensa demais nem relaxada demais, pois esses dois extremos refletem os extremos mentais de agitação e lassidão. Porém, prestando atenção à agitação ou à lassidão da mente, podemos encontrar um ponto de equilíbrio confortável entre esses dois extremos. A arte da atenção está em equilibrar o corpo e a mente entre o esforço e o relaxamento.

Encontrar um lugar sossegado onde se sentar a fim de prestar atenção ao fluxo constante da atividade mental ajuda muito.

No início, pode ser um ambiente externo silencioso, onde você possa ficar sentado sem ser distraído. No meu caso, consigo acompanhar com mais clareza o funcionamento de minha mente quando vou para um lugar ao ar livre, perto de um lago ou num bosque tranquilo. Mas o silêncio que buscamos está dentro de nós. Krishnamurti costumava dizer: "Quem está em paz? A pessoa que se senta numa floresta silenciosa com a mente em torvelinho ou a pessoa que caminha com a mente sossegada por um mercado movimentado?"

Comece prestando atenção ao seu corpo e se acomodando dentro dele. A mente se instala no corpo como uma dama num cabriolé e, se o veículo sacoleja, a dama também balança. O processo requer tempo e paciência. Algumas pessoas estão naturalmente bem instaladas em seu corpo. Elas tendem a ser atléticas e, nesse sentido, a meditação é um evento atlético. Outras não se sentem tão confortáveis e devem perseverar com paciência até encontrar seu "lugar". Aprender a aquietar o corpo é crucial para o processo de domar a raiva, porque esta vem acompanhada de uma fisiologia altamente excitada. Acalmar o corpo na meditação é um treino para acalmar o corpo quando a raiva aparece. O mero ato de ficar fisicamente imóvel quando um pequeno desconforto físico ou a inquietação mental incitam o corpo a se movimentar contribui para enfraquecer o impulso das respostas reflexas, cegas e automáticas que nos aprisionam em hábitos destrutivos. Você consegue ficar imóvel durante 60 segundos quando seu nariz está coçando? Invariavelmente, a sensação de coceira aumenta, atinge o máximo e depois desaparece. É a mesma coisa com a raiva. Comprove por si mesmo.

Somos distraídos do momento presente, que é quando a vida acontece, pelo fluir incessante do pensamento discursivo, com suas lembranças do passado, a ruminação sobre os problemas atuais, fantasias e devaneios sobre êxitos e fracassos futuros. Se você observar bem de perto, perceberá saltos entre os pensamentos. Esses vazios são o espaço silencioso, como quando desligamos a TV e, de repente, a sala fica em silêncio. Quanto mais conseguirmos nos instalar e permanecer nesse intervalo de percepção silenciosa, sem falação mental, mais agudo será nosso nível de consciência. Com a prática, o discurso interior gradualmente se calará e os espaços de silêncio se ampliarão. Quando relaxamos nesses espaços "vazios", acalmamos a mente.

Não é uma tarefa fácil. É preciso disciplinar a mente. É como treinar um filhote de cachorro. Diga a ele que se sente e ele poderá fazer isso por um segundo; depois vai saltitar de novo, abanando o rabo. Dê novamente o mesmo comando e vá repetindo o processo até que, aos poucos, ele aprenderá a sentar e permanecer sentado até que você diga que ele pode sair. A prática da meditação funciona de modo semelhante. Requer esforço, perseverança e paciência, virtudes muito proveitosas para a vida diária.

Uma das primeiras coisas que descobrimos durante a meditação é como é difícil nos desvencilharmos da hipermentação. O pensamento discursivo é a narrativa de nossa identidade e de nossa vida. A mente busca constantemente respostas para questões fundamentais como: "Quem sou eu? Qual é o sentido da vida? O que devo fazer?" Achamos que é muito importante ficar pensando até conseguir entender essas coisas. Deixar de lado o pensamento discursivo é como deixar de lado nossa autobiografia, nossa própria história de vida. Então, quem somos? Ninguém! O que fazemos? Somos ninguém e não conseguimos chegar a lugar nenhum! Deixar de lado o pensamento discursivo é como baixar a guarda. Ficamos ansiosos com a perspectiva dessa incerteza, dessa estupefação, dessa desorientação. Talvez tenhamos a sensação de estar morrendo. Nossa relutância em abandonar o pensamento discursivo, em sair de nós mesmos, revela quão fortemente nos agarramos à nossa noção habitual de quem somos.

Assim que aprendemos a relaxar nos intervalos entre os pensamentos, a mente aos poucos vai abrindo uma clareira de paz e silêncio, um refúgio de onde podemos fitar com moderação a torrente de pensamentos. É como se estivéssemos sentados à margem do fluxo ininterrupto de narrativas neuróticas e apenas as observássemos. Esse refúgio está dentro de nós, em cada um de nós. Se quisermos buscá-lo, poderemos encontrá-lo. Ele é nosso direito de nascença, faz parte de nossa natureza. Pessoas das mais diversas culturas e religiões descobriram-no. Os místicos cristãos às vezes o chamam de "a testemunha", ou de "descansar em alerta". Os psicanalistas chamam-no de o "*self* observador". Os budistas, de "o observador". Desenvolver a conscientização significa identificar-se com o observador silencioso e não com a narrativa. É simplesmente uma mudança de perspectiva. Não é necessário mudar mais nada em nossa vida. Mas começaremos a ver a vida com outros olhos.

O primeiro nível de conscientização que alcançamos quando entramos nesse espaço de silêncio interior é a percepção do corpo e dos sentidos – a visão, a audição, o olfato, o paladar, o tato, a posição e a movimentação do corpo. É como um despertar para nós mesmos e para o mundo à nossa volta. Tomamos consciência de nosso corpo sentado numa almofada ou numa cadeira. Temos a simples percepção de nossa cabeça, nosso pescoço e nosso tronco assentados com equilíbrio sobre a base triangular formada pelas pernas cruzadas. A cabeça está centralizada? E o pescoço? A coluna curvou-se sob a influência da gravidade? As pernas doem?

A sensação dolorida de permanecer sentados em estado de atenção nos faz cientes do segundo nível do estado de consciência, que diz respeito à nossa preferência por alguns estados mentais e aversão por outros. Não gostamos quando as pernas doem. Não queremos sentir dor. Queremos nos sentir bem e ter sensações agradáveis. Julgamos cada uma de nossas experiências. "Gosto disto", "não gosto daquilo" ou "isso tanto faz". Reparando nesses sentimentos, tomamos consciência das operações básicas da mente: o desejo de sentir prazer e a aversão à dor. Devemos aprender a não julgar o nosso fluxo mental, apenas tolerá-lo. É simplesmente assim que a mente funciona. Os pensamentos e sentimentos surgem, chegam ao auge e decaem, desencadeando um novo ciclo de nascimento, vida e morte.

Uma vez desenvolvidos os dois primeiros níveis da conscientização, podemos calmamente dirigir a atenção para o nosso íntimo, para as narrativas discursivas que criamos sobre nós e a respeito da vida. Essas narrativas não são formas físicas, mas nossos sentimentos de gostar, desgostar ou não se importar são projetados tanto como forma quanto como narrativa. Temos desejos e aversões físicos: gostamos de sorvete e detestamos espinafre, preferimos ser calorosos a ser frios. Também temos desejos e receios a nosso respeito e a respeito de nossa vida. Temos planos e esperanças para o futuro e ficamos aflitos com a possibilidade de que as coisas possam dar errado. Queremos ser felizes e temos receio de ser infelizes. Queremos o que queremos. E queremos evitar tudo aquilo que possa atrapalhar nosso projeto de felicidade. Na meditação, começamos a ver – e a desmascarar – as histórias que contamos para nós mesmos. Assim, enxergamos o pânico e a confusão que brotam sempre que corremos o risco de não conseguir o que queremos ou de obter o que não queremos.

Desenvolver a consciência da raiva, portanto, é um processo que envolve uma sequência de passos, no começo, um de cada vez, e, aos poucos, toda a sequência junta. Esse processo requer primeiro o desenvolvimento da intenção, do esforço e da perseverança para acalmar a mente por meio de alguma espécie de prática que a estabilize. Há inúmeros métodos de se cultivar a consciência meditativa além do que foi sucintamente descrito aqui, entre eles a ioga e as artes marciais. Seja qual for a prática escolhida, você deve desenvolver a habilidade de prestar atenção ao momento presente, para que consiga captar a raiva quando ela surge, pois essa é, de longe, a melhor oportunidade para percebê-la. À medida que sua percepção e conscientização forem se desenvolvendo, você vai se surpreender com a clareza com que conseguirá enxergar as muitas faces da raiva.

4. Passo um: Tomar consciência II

AS MUITAS FACES DA RAIVA

PARA COMPREENDER e curar a raiva, devemos tomar consciência dela no momento em que aparece e se espalha pela mente, o que é fácil de dizer, mas não de fazer. Sentimentos intensos nos tomam de assalto e distraem nossa atenção. Os nossos padrões habituais de pensamento sobre a raiva nos deixam cegos, e podemos não reconhecê-la mesmo estando furiosos. Em nosso estereótipo, a raiva é um sentimento de agressividade acalorado e manifesto. Imaginamos um sujeito de rosto vermelho, descontrolado em sua fúria, esbravejando e xingando, fazendo ameaças de violência, destruição e vingança. Essa manifestação tempestuosa da raiva é óbvia para a pessoa enfurecida e para todos que estiverem por perto. Mas é só a ponta do *iceberg*. A raiva tem muitas faces. É uma emoção camaleônica, mestre em disfarces. Seus padrões, texturas e cores mudam conforme o contexto. Para que tomemos consciência de nossa própria raiva, precisamos perceber claramente seus muitos lados.

As pessoas podem demonstrar raiva de muitas maneiras diferentes: na movimentação corporal ou na expressão facial, nas palavras e no tom de voz ou por meio de seus atos. De forma paradoxal, a raiva também pode se manifestar por pensamentos que não têm as características mais evidentes desse sentimento. Uma pessoa pode pensar friamente em se vingar de um inimigo, isto é, sem sentir o calor da raiva. A raiva também pode se manifestar sem que exista a consciência dessa emoção, e ser vivida como uma sensação caótica de frustração e irritabilidade generalizada, sem que se saiba – ou que se saiba apenas de maneira vaga – o que a causou ou a quem ela se dirige.

Embora a raiva possa gerar atos de agressividade e violência, é possível que a pessoa sinta raiva sem ser agressiva, ou que seja agressiva sem sentir raiva. Em algum momento todo o mundo sente raiva dos filhos, da esposa, dos pais ou dos amigos sem manifestar agressividade em relação a eles. Às vezes, achamos que é pelo bem das pessoas que estamos com raiva delas, embora nossa verdadeira motivação possa ser egoísta. Quando a raiva é motivada por aversão ou ódio, pode se tornar agressiva e destrutiva. Mas, quando é motivada por amor e compaixão, pode ser construtiva. A raiva não violenta dirigida contra o *apartheid*, o racismo, a discriminação, a exploração, todas as formas de abuso, a intimidação ou injustiças de todo tipo pode promover mudanças sociais positivas.

* * *

A raiva pode ser quente ou fria, pessoal ou impessoal, aberta ou camuflada. Às vezes, a raiva se expressa de forma ostensiva, em palavras e atos rudes, insultos, difamação, ataques físicos. Às vezes, é débil e passageira, um acesso de energia que rapidamente se acalma. Há momentos em que é fria e prolongada. A raiva pode se insinuar na atitude passiva de uma inércia proposital, destinada a ignorar, humilhar ou sutilmente sabotar alguém que culpamos. Tanto pode se manifestar em ataques ostensivos e assassinatos como pode ser a sutil frieza no tom de voz, quase imperceptível, um aperto de mão hostil, um sorriso contrafeito. Pode se esconder por trás de desculpas e justificativas, em racionalizações e negações, na rigidez, na indiferença ou na rejeição. Ou encontrar vias de descarga em vinganças violentas, assim como em discretas atitudes evasivas, de afastamento ou frieza, e em silêncios impenetráveis.

Quando as pessoas estão ligadas por elos de dependência e culpa, e o relacionamento parece seguro, elas podem se sentir mais à vontade para expressar raiva em atos de violência física ou verbal ou por meio de atitudes sutis de desafio, oposição ou negligência, ou ainda mostrando-se defensivas. Nas famílias, a raiva costuma se manifestar por meio de críticas mal encobertas por palavras doces, padrões competitivos ou atitudes ásperas, duras, sarcásticas. Pode também se ocultar em palavras mordazes ou provocadoras, em tiradas de humor cortantes, em zombarias e armadilhas "inocentes". Às vezes, o marido ou a mulher, em uma expressão de sua mágoa ou de seu ressentimento, recusam-se a ter relações sexuais, esquivam-se de suas incumbências domésticas ou mostram-se emocionalmente distantes e frios. Muitas vezes, a pessoa que está com raiva não reconhece esse sentimento e dá outro nome ao que está sentindo, ou simplesmente nega a emoção.

A resistência em reconhecer a raiva é um sério empecilho ao desenvolvimento da conscientização dessa emoção e da habilidade em domar essa energia. Algumas pessoas só se tornam cientes de sua raiva com a ajuda de terceiros: amigos, namorados, padres, pastores ou ministros, psicoterapeutas – alguém que as coloque diante da verdade. Às vezes, é preciso sentir repetida e dolorosamente a realidade de nossos sentimentos antes de ter coragem para admiti-los e reconhecer seus efeitos em nossa vida e na de outras pessoas. A principal resistência à conscientização da raiva é o orgulho. Se formos orgulhosos demais para aceitar a possibilidade de que a resistência passiva, a bem-educada rigidez, a depressão que nos deixa em frangalhos ou a tensão fria e constante é raiva, não nos será possível transformá-la. Enquanto não tomarmos consciência de nossa raiva, não a sentirmos diretamente, refletirmos sobre ela e aceitarmos sua existência sem subterfúgios, não seremos capazes de compreendê-la, domá-la e curá-la.

A própria energia da mais autêntica, explícita e explosiva manifestação da raiva é tão vulcânica e avassaladora que só pode brotar da própria força da vida, em defesa desta. Essa compreensão é essencial para entender por que domar a raiva parece uma tarefa tão gigantesca. Estamos diante da incumbência de tomar para nós a força da vida que defende a si própria. O nome de um mosteiro em que estudei é Namgyal. *Gyal*, em tibetano, significa "conquistador", *nam* é uma partícula enfática. "Namgyal" é um termo honorífico que quer dizer "conquistador consumado". A conquista, no entanto, não é um feito externo, relativo a alguém ou a alguma coisa. Trata-se da conquista de si mesmo, das próprias energias, atitudes e emoções negativas.

A raiva é alimentada pela energia de nossas emoções primárias, por nossos desejos frustrados e aversões na luta contra obstáculos e situações inevitáveis, em busca de satisfação e controle. Às vezes, as nossas frustrações são imediatas e óbvias. Perdemos o ônibus que faz a ligação com o único trem que nos deixaria a tempo no local de um compromisso urgente. Um desconhecido bate, sem querer, na traseira de nosso carro. Em outros momentos, a frustração é vaga, não identificada. Temos reações irritadiças e levemente raivosas por pequenas coisas, mas, no fundo, sabemos que algo mais importante está nos importunando, ainda que não consigamos ver com clareza o que é.

Geralmente não temos clareza do que nos deixa com raiva porque não temos clareza de nossas motivações, do que queremos e não queremos. Alguns dos desejos humanos mais essenciais são sublimes e sutis. As palavras "sublime" e "sutil" têm relação com "sublimar" e "subliminar". Quando o gelo seco (dióxido de carbono em estado sólido) passa para o estado gasoso (gás carbônico), dizemos que ele sofreu sublimação. O gelo seco é como o corpo, tangível e visível. O gás carbônico (ou dióxido de carbono gasoso) é como a mente, invisível, intangível, está além dos limites da percepção direta. Quando o gosto pela comida é sublimado num banquete epicuriano, a gula sublima-se e é imperceptível. Quando o sexo é praticado com amor, o desejo sublima-se em afeição. Os desejos do ego não são físicos ou tangíveis. São abstratos, frequentemente situados além dos limites de nossa percepção, de modo que não estamos cientes do que queremos e do que não queremos.

Entre os desejos dos quais em geral não temos consciência estão: consolidar um autoconceito estável, sentir-se bem a respeito de nós mesmos e ter controle sobre a própria vida. Quando esses desejos são frustrados, tornam-se adubo para a nossa raiva. Qualquer coisa que ameace ou negue nosso autoconceito, que faça que nos sintamos mal, ansiosos, impotentes, ou que interfira em nosso projeto de felicidade pode ser o estopim que libera a energia da raiva, da agressividade e da violência. A ideia de que o nosso projeto de felicidade, nossa busca da felicidade, é a fonte de nosso sofrimento é um paradoxo que nos confunde e uma pílula amarga de engolir. É por isso que a coragem, a honestidade e a capacidade para refletir conscientemente sobre nós mesmos são condições indispensáveis à compreensão e à cura da raiva, da agressividade e da violência.

Em situações de terapia familiar ou em outras reuniões sociais, geralmente podemos identificar uma pessoa com raiva, e de quem ela sente raiva, por seu tom de voz e sua movimentação corporal. John e Alice trouxeram seu filho, Adam, para uma consulta porque ele apresentava problemas de comportamento em casa. Embora eles tivessem apresentado Adam como o paciente, voltei minha atenção para o sistema familiar como um todo. Quando Alice falava do filho, sua voz era calorosa e terna. Quando se dirigia ao marido, mudava para um tom reservado e mais frio. Mencionei essa mudança de tonalidade em sua voz e perguntei se ela estava com raiva do marido. A princípio, ela negou, mas John a interrompeu e citou vários incidentes recentes em que ela havia demonstrado raiva dele, em casa.

O casal tinha discussões constantes sobre como estabelecer limites e disciplinar o filho. John era mais severo e achava que Alice atendia com excessiva frequência às vontades de Adam. Ele também se queixou da falta de interesse dela por sexo. Alice explicou seu desinteresse por sexo como um sintoma de pré-menopausa, mas reconheceu que o casal tinha desentendimentos sobre como educar Adam. Enquanto falava desses desentendimentos, a voz de Alice ficou ainda mais abertamente raivosa. Quando sinalizei essa mudança de tom, ela negou que estivesse com raiva, mas admitiu estar "irritada" com o marido por uma série de motivos que não tinha querido discutir até então. Ele era obcecado com o trabalho. Não passava tempo suficiente com a família. Era severo demais com Adam. Bebia em excesso e só era atencioso com ela quando queria sexo.

Na terceira sessão, John e Alice admitiram a tensão em seu casamento e reconheceram que precisavam de ajuda para melhorar o relacionamento. Os problemas de conduta de Adam em casa eram uma decorrência de sua perturbação diante das discussões enfurecidas entre os pais; e também uma maneira de tirar proveito da animosidade entre eles, pois apelava para a mãe quando o pai colocava limites que ele não queria obedecer. A partir do momento em que John e Alice começaram a trabalhar para melhorar sua comunicação e começaram a se entender melhor, tornando-se mais acolhedores em relação às necessidades de cada um e chegando a um consenso sobre o modo de disciplinar Adam, este se acalmou. Sem minha interferência para reconhecer e ajudar a resolver o sutil problema da raiva entre os pais de Adam, suas dificuldades comportamentais talvez não tivessem sido adequadamente resolvidas.

Impressiona-me a quantidade de eufemismos criativos que as pessoas inventam para falar dos vários níveis e intensidades de sua raiva, ao mesmo tempo que negam essa emoção. Alice não estava com raiva do marido, estava "irritada" com ele. Ouço as pessoas dizendo que não estão com raiva, só "frustradas". "Não estou com raiva de meu marido. Estou decepcionada com ele." Ou, "infeliz com ele". Compilei uma lista parcial dos sinônimos empregados para mencionar os diversos graus da raiva, desde a irritação moderada até a ira. A pessoa sente-se frustrada, decepcionada, infeliz, transtornada, desanimada, exasperada, amarga, desencorajada, desiludida, descontente, irritada, ofendida, aborrecida, importunada, furiosa, bronqueada, desconcertada, desatinada, desagradada, perturbada, provocada, amargurada, fervendo, ressentida, indignada, molestada, enervada, soltando fumaça pelas ventas, zangada e melindrada. O dicionário de antônimos oferece os seguintes vocábulos: serena, calma, tranquila, gentil, conciliadora, amorosa.

Quando a raiva é uma faísca passageira, desprovida de agressividade e da intenção de ferir, acaba rapidamente, é esquecida logo e é inofensiva. Em geral, quando ela persiste, é porque existem problemas que não estão sendo enfrentados, frequentemente porque uma das pessoas, ou as duas, tem medo de fazê-lo. Quando a raiva é intensa e desrespeitosa, ou fria e crônica, pode destruir relações pessoais e casamentos. Nos quarenta anos em que pratico psicoterapia, já aconselhei muitos casais. Em todos os casos, o casamento ou o relacionamento estava ameaçado ou foi destruído pela raiva, tanto na sua versão fria, reprimida, vibrando como um ressentimento sutil e um distanciamento emocional, como na versão explosiva, que irrompe em condutas violentas e maus-tratos.

Os problemas que existiam por baixo da raiva eram menos importantes que a raiva em si. Os casais podem entrar em conflito devido a muitas questões polêmicas – dinheiro, sexo, tempo, filhos, sogros, política, religião e assim por diante. O fator crítico para a sobrevivência da relação é o tom emocional da interação. Conheci casais dos mais variados credos religiosos, classes sociais, raças e opções políticas que estavam felizes em sua relação. Seu casamento sobrevivia porque discutiam e trabalhavam os conflitos com paciência, num clima de respeito mútuo. Também conheci casais que, apesar de compatíveis no geral, tiveram o casamento destruído pela raiva causada por questões aparentemente triviais, por exemplo, discordância ao decorar a casa. Quando a raiva é expressa em palavras e atitudes agressivas, os egos são feridos e magoados. O ego ferido ergue muros para se defender, tornando-se fechado e frio, e se vinga de maneira igualmente defensiva, com mágoas e ressentimentos, raiva e agressividade. Assim, perpetua-se o ciclo de destruição recíproca.

Geralmente pensamos que a raiva se manifesta como um conflito entre duas pessoas. Mas pode acontecer de um grupo sentir raiva de outro grupo, um grupo ter raiva de um indivíduo e um indivíduo ter raiva de um grupo. Guerras religiosas, étnicas ou outras que envolvem fanatismo muitas vezes são desencadeadas pela raiva e incendiadas pelo orgulho frustrado e chauvinista – o desejo que um grupo tem de sobreviver, prosperar e dominar. Os grupos humanos, como os indivíduos, precisam construir e preservar sua identidade. As guerras entre nações, grupos étnicos, facções religiosas e até mesmo entre vizinhos são, em última análise, motivadas pela busca de uma identidade sólida e segura. Quando lembro aos meus pacientes que seus conflitos pessoais parecem brigas nacionais, eles riem – mas compreendem. Pode parecer estranho comparar nações a pessoas, mas quando enxergamos a fundo os conflitos internacionais, pelo prisma do que sabemos sobre identidade e subjetividade, o quadro fica mais claro.

Os israelitas e palestinos, por exemplo, sofrem há muito tempo com os frutos amargos do ódio, da agressividade e da violência. Os palestinos querem terra e um Estado seguro, que lhes pertença, para que possam se estabelecer e preservar sua identidade étnica e religiosa. Os israelitas também querem um Estado seguro que preserve sua identidade judaica. Receiam ser atacados e superados em número pelos adversários, alguns dos quais são violentamente antissemitas. Há muitas pendências a serem resolvidas, mas – como num casamento, numa família ou no ambiente de trabalho – a paz só será estabelecida quando os dois lados abrirem mão de parte do que pretendem, e não quando cada um conseguir o que deseja.

A ideia de bode expiatório corresponde ao sacrifício de outra pessoa em benefício próprio. O antissemitismo ilustra o significado clássico de bode expiatório. Muitos povos aborígenes compreendiam (de uma maneira que nos escapa) que o Universo se alimenta de si mesmo. Essa é a ideia representada no ícone do uroboro, a serpente que devora a própria cauda. O sacrifício ritual primitivo era uma oferenda a uma deidade sedenta de sangue, ou ao cosmos, como uma troca, na esperança de que o sangue do grupo fosse poupado.

Nos tempos modernos, o ódio é sentido de modo mais agudo por aqueles que estão confusos, incertos ou insatisfeitos com sua identidade social. O Holocausto foi um sacrifício dos judeus com a intenção de criar uma identidade ariana "pura". De modo semelhante, a discriminação contra os negros é uma variação do processo do bode expiatório a serviço da criação de uma identidade branca "pura". A chave aqui está em entender a tenacidade na busca de uma identidade e sua relação com a raiva, a agressividade e a violência. Quando nos conscientizamos dessa interação na história, podemos percebê-la melhor em nossa própria vida.

A dialética do fenômeno do bode expiatório situa-se numa das extremidades do contínuo de discriminações entre o eu e o não eu; na outra extremidade está a formação normal da identidade. O "eu" pode ser eu em oposição a minha mãe; minha mãe e eu em oposição a meu pai; minha família em oposição à família de meu vizinho; minha escola *versus* outra escola; meu país, minha religião, minha identidade nacional contra o Outro. Um antigo provérbio do Oriente Médio traduz as vicissitudes da identidade: "Eu contra meu irmão; eu e meu irmão contra meu primo; eu e meu primo contra a aldeia ao lado."

As comunidades aborígenes costumavam se dividir em "metades binárias" a fim de estabelecer identidades distintas no seio de uma cultura comum. Esse mesmo esquema de metades binárias pode ser encontrado hoje nas equipes esportivas universitárias e profissionais. Os Yankees e os Mets obtêm sua identidade como adversários dentro do mesmo universo esportivo do beisebol. A noção do eu depende de uma noção de quem é o Outro e não pode ser desenvolvida nem mantida, exceto em relação a esse Outro. Podemos nos identificar com o outro quando existe harmonia e um propósito comum. Os dois se tornam "um par", e o grupo se torna um "nós". Quando há desarmonia e conflito de interesses, o Outro – de quem nossa identidade depende – deve ser rejeitado, dominado ou conquistado. Como já apontamos, a causa fundamental da raiva, da agressividade e da violência humanas está no instinto de sobrevivência sublimado no desejo de obter uma identidade significativa e duradoura.

Cristo, Galileu e Martin Luther King foram todos indivíduos odiados por grupos. Cristo foi condenado porque ameaçava a ortodoxia judaica e a hegemonia romana. Galileu foi condenado pela Igreja Católica por defender o heliocentrismo (o Sol no centro do Universo), o que contrariava um dos dogmas da Igreja, o do geocentrismo (a Terra no centro do Universo). Ao ameaçar a cosmologia católica tradicional, Galileu foi percebido como ameaça à credibilidade e à autoridade da Igreja. Foi levado a julgamento e sentenciado ao silêncio, sob a ameaça de ser levado à fogueira e queimado como herege. Martin Luther King foi odiado e assassinado pelos defensores da supremacia branca, que viam nele uma ameaça a seus planos de dominação. A ironia é que não podemos vencer o Outro porque *dependemos* dele para a nossa própria noção de identidade. Se o matamos, ele surgirá novamente, como uma fênix, e, com frequência, com a nossa própria ajuda, como vimos no Plano Marshall, após a Segunda Guerra Mundial, e como vemos no Iraque de hoje. O eu e o outro estão ligados entre si, querendo ou não. Perder o outro é perder uma parte de si mesmo. Os dois formam um par dialético, unido de modo inseparável, numa união instável de dois processos mentais.

* * *

Em nossos conflitos com os outros, pode ser difícil identificar com precisão a origem de nossa raiva, a fim de eliminá-la.

Emoções diferentes com frequência se acumulam e entrelaçam, e, enquanto algumas se destacam e predominam, outras permanecem latentes, mas igualmente potentes. A raiva tanto pode esconder sentimentos como ansiedade, depressão, culpa, inveja e ciúme como ser escondida por eles.

Roberta veio me consultar porque sentia muita ansiedade. Quando passamos em revista suas condições de vida, ficou óbvio que o fator mais estressante de todos era seu conflito com o chefe. Registrei a presença da raiva em sua voz quando ela falou dele e perguntei se estava com raiva dele. Roberta parou por um instante, como se tivesse se surpreendido com essa descoberta, e disse: "Estou furiosa com ele. Detesto o modo como me trata. Mas o que eu posso fazer? Tenho medo de ser demitida se demonstrar que estou com raiva dele." Ela se queixou de o chefe ser grosseiro, excessivamente crítico, sarcástico e desrespeitoso em relação a ela, mas temia dizer a verdade porque do chefe dependia a manutenção de seu emprego e, consequentemente, seu sustento. Sua ansiedade era a queixa manifesta, mas o problema latente era a raiva.

Roberta estava ansiosa porque sentia medo da própria raiva. Desde menina era exigente, "esquentada" e dada a explosões de ira. Seus pais amavam-na e toleravam sua raiva. Seu marido a havia deixado por causa disso. Agora, encontrava-se numa situação em que achava que das duas, uma: ou suportava a humilhação e a dolorosa depreciação de sua própria noção de identidade ou ficava furiosa e perdia o emprego. Quando investigou sua raiva, pôde tomar mais consciência das questões que a perturbavam. Não era fácil para ela aguentar a frustração de suas vontades.

Insinuei que, embora suas queixas fossem procedentes, sua raiva a impossibilitava de resolver os problemas e agir de maneira construtiva. Citei um antigo provérbio tibetano: "A pessoa sábia sabe que é possível pegar mais moscas com mel do que com vinagre." Pedi-lhe que analisasse sua suposição de que o chefe não gostava dela, que a grosseria dele era um ataque pessoal a ela.

Afinal de contas, ele lhe tinha dado aumentos generosos todos os anos. Escrevia relatórios altamente elogiosos sobre o desempenho profissional dela. A bem da verdade, ele tinha uma conduta grosseira e ofensiva. Talvez a obstinação dela às vezes fosse inadvertidamente ofensiva para ele. Seria possível para ela enxergar isso como um problema dele e não dela? Perguntei-lhe se seria capaz de reconsiderar sua crença de que o chefe achava que ela era má pessoa e refletir sobre a possibilidade de que ele talvez não percebesse a própria dureza e não tivesse noção do efeito disso sobre os outros.

Ela refletiu sobre essa recomendação e começou a examinar e a questionar suas suposições. Depois de certo tempo, percebendo seus progressos, sugeri a ela uma conversa com o chefe num ambiente neutro e amistoso para tentar mostrar como ele a perturbava. Também levamos em conta os perigos de uma atitude como essa. Ela poderia perder o autocontrole, ficar com raiva e ofendê-lo. Ele poderia ter alguma queixa dela, da qual ela talvez não estivesse ciente. A decisão de conversar com ele, como a maioria das decisões, tanto poderia ter um resultado produtivo como ser um desastre.

Trabalhei com Roberta para desenvolver meios e maneiras de acalmar seu corpo e sua mente e livrá-la dos efeitos inquietadores da raiva e da ansiedade. Após um longo período de reflexão e prática desses métodos, Roberta decidiu conversar com o chefe. Convidou-o para tomar um café. Seguindo minha recomendação, em vez de reclamar dele, ela lhe pediu que a ajudasse, que fosse receptivo às necessidades dela. O chefe acabou se revelando uma pessoa decente. Ficou surpreso e chocado. Não tinha percebido que seu comportamento feria os sentimentos dela. Apresentou o que pareceu um pedido sincero de desculpas e agradeceu por ela tê-lo colocado diante do espelho de maneira tão diplomática. Disse que a esposa também se queixava de que, às vezes, ele era explosivo e muito mal-educado. Acrescentou que não queria ofender seus empregados, que valorizava as contribuições dela e queria que ela continuasse a trabalhar com ele. O relacionamento de Roberta com o chefe tornou-se mais honesto, cordial e mutuamente respeitoso, o que terminou beneficiando os dois.

A ansiedade dela era o medo de sua própria raiva. Ela não venceu sua obstinação nem sua raiva durante a terapia, mas foi capaz de se controlar bem o bastante para adotar uma atitude construtiva naquela situação. Nem todos os confrontos bem-educados terminam tão bem. Algumas pessoas são narcisistas e insensíveis aos sentimentos dos outros. O chefe de Roberta poderia ter-se tornado defensivamente agressivo com ela, talvez provocando a raiva de sua funcionária, e, nesse caso, a situação poderia ter terminado de maneira desastrosa. A vida é perigosa.

Frequentemente, é a raiva que se esconde atrás da depressão. Estou convencido de que a ansiedade, a raiva e a depressão têm estreita relação entre si. Todas essas emoções são alimentadas por nossos desejos e aversões. A ansiedade e a raiva são, respectivamente, respostas de fuga e de luta ao que percebemos como perigo, a saber, o perigo da frustração de nossos desejos e da imposição de algo que não queremos. A ansiedade é a experiência da fuga mental sem a fuga física. A raiva é a experiência da luta mental sem a luta física. Sob ambas, ansiedade e raiva, está latente a sensação de impotência. Os principais aspectos da depressão são os sentimentos de impotência e desesperança. A depressão é a raiva sem esperança e, portanto, sem paixão. Quando as pessoas se sentem impotentes, é provável que sintam ansiedade e raiva. Quando, além disso, também perdem a esperança, entram em depressão.

Emily veio me procurar por causa de sua depressão. Enquanto contava sua história, mencionou vagamente que tinha problemas no casamento. Na segunda sessão, perguntei-lhe sobre isso. Ela se queixou de que o marido, Jim, era dominador, exigente e de vez em quando a agredia verbalmente; além disso, em casa, não ajudava em nada. Por outro lado, eles tinham três filhos e um belo lar. Ele era um bom provedor e ela o amava, apesar de seu comportamento abusivo. Não queria se divorciar e desagregar a família, mas era infeliz e não tinha esperança de ser feliz um dia. Começava a chorar espontaneamente, tinha perdido o interesse pela vida doméstica e o desejo sexual. Começou a sofrer de insônia e de anorexia, sintomas clássicos de depressão. Quando veio para a terapia, tinha perdido quase dez quilos nos seis meses anteriores. Acreditava ter algum desequilíbrio químico e pediu que eu lhe prescrevesse Prozac.

Eu lhe disse que precisava saber mais sobre ela antes de lhe receitar um antidepressivo. Perguntei se sentia raiva do marido. Num tom de voz baixinho, impotente e infantil, ela admitiu que sim. Mas o que podia fazer? Ela já tinha manifestado sua raiva ao marido. Tinha se queixado do comportamento do marido e lhe pedido que mudasse. Às vezes ele concordava, mas não punha nada em prática. Em outros momentos, ficava furioso e a acusava de amolação. Insinuei que sua depressão talvez resultasse do fato de ela se sentir impotente e sem esperanças com relação ao casamento. Se ela conseguisse entrar em contato com a própria raiva e com a frustração que essa raiva ocasionava, talvez pudesse confrontar o marido de maneira mais consistente, persistente e construtiva, conseguindo, então, efetuar alguma mudança concreta.

O rosto dela se iluminou perceptivelmente diante dessa possibilidade de mudança. Sua depressão sumiu quando ela entrou em contato com a raiva e sublimou-a em uma determinação vigorosa e esperançosa de operar uma mudança para melhor em sua vida. Conversou com o marido e explicou-lhe que a depressão em que vivia resultava do fato de ela não ter esperança de que ele, um dia, mudaria e passaria a tratá-la com mais respeito. No começo, ele se mostrou esquivo e defensivo. Negou que a tratasse mal e deu desculpas. Propus a ela que o convidasse a se juntar a nós, numa sessão de terapia. Ele concordou e, nessa consulta, disse que estava preocupado com a saúde mental da esposa. Expliquei que a depressão dela era decorrente de frustrações, de raiva e de se sentir impotente e desesperançada. Perguntei se ele poderia ter outra sessão comigo, mas, dessa vez, a sós. Ele concordou. Disse que amava a esposa e que faria qualquer coisa por ela.

Iniciei com leveza a sessão com Jim, a fim de desenvolver um pouco de confiança e estabelecer um vínculo. Eu não queria que ele se sentisse culpado ou pressionado. Falamos de maneira generalizada dos problemas entre homens e mulheres. Mencionei informalmente que sua esposa se sentia ignorada, desrespeitada e, às vezes, maltratada. A princípio, Jim se mostrou defensivo e se queixou dela. Disse que trabalhava duro para sustentá-la e que às vezes ela era exigente, negligente e provocava discussões. Mas ele a amava e não queria perdê-la.

Ele telefonou para marcar outra consulta e disse que tinha pensado sobre o que conversáramos na sessão anterior. Queria entender com mais clareza o que estava acontecendo entre ele e Emily. Havia tensão entre eles. Não faziam amor nem apreciavam mais a companhia um do outro. À medida que examinava seus pensamentos e comportamentos, começou a perceber quanto ele esperava que ela cuidasse dele e da casa. Como trazia dinheiro para pagar a hipoteca da casa, sentia que ela deveria servi-lo. Essa não era uma ideia inaceitável, exceto pelo fato de ele se esquecer de que eles tinham três filhos e que Emily era mãe em período integral. Às vezes, ela precisava de ajuda e nem sempre podia atender ao marido, pois tinha de cuidar das crianças.

Diga-se a favor de Jim que ele começou a refletir sobre suas expectativas e sentimentos. Ele conseguiu perceber que estava com raiva de Emily porque ela não atendia às necessidades dele, e, por isso, às vezes, perdia a cabeça e ficava agressivo. Perguntei se ele, alguma vez, tomara conta das três crianças, sozinho, o dia inteiro. Ele disse que nunca o fizera. Propus-lhe essa experiência. Talvez assim ele pudesse compreender a esposa e mostrar mais solidariedade.

Emily achou a ideia genial. No fim de semana seguinte, ele tentou. Emily tirou o dia para visitar as amigas. Jim ficou com as crianças o dia todo: um menino de 8 anos, outro de 6, e a menina, de 2. Na sessão seguinte, ele confessou que aquela experiência tinha sido uma lição. Ele não fazia ideia da dificuldade que era o trabalho de Emily. As crianças haviam consumido completamente a atenção dele. Não podia perdê-las de vista um só minuto. Ele pôde ver como a vida de Emily era difícil, que ele estava sendo arrogante em suas exigências e que sua raiva era infantil. Decidiu que era melhor mudar algumas coisas em sua conduta e em suas ideias.

Com a ajuda de nossos diálogos, Jim tomou a decisão consciente e deliberada de dar mais atenção a Emily, ouvir o que ela tivesse a dizer, conversar mais cordialmente com ela e mostrar mais respeito por ela. E colocou em prática esses propósitos. Começou por tomar algumas providências em relação ao serviço da casa, embora fizesse as coisas com relutância e uma ponta de ressentimento. Perguntei-lhe por que se sentia ressentido. Ele estava escolhendo voluntariamente as tarefas a serem feitas ou se sentia forçado e intimidado? Ele tinha o direito de não fazer as coisas, mas, então, poderia ter de enfrentar o ressentimento de Emily. Quanto tempo ainda seu casamento poderia durar num clima de tensão e frieza como aquele? Era escolha dele. Eu lhe disse que, se resolvesse ajudar com o serviço doméstico, deveria entrar de cabeça, e não fazer tudo pela metade, resmungando e se sentindo ofendido. Quando ele assumiu conscientemente a responsabilidade por suas escolhas, seu ressentimento desapareceu. Com a melhora em seu relacionamento, a depressão de Emily começou a amenizar, ela passou a dormir e recuperou parte do peso. A vida sexual do casal ressurgiu e eles começaram a viajar juntos nos finais de semana, para namorar um pouco.

Quando veio à terapia queixando-se de depressão, Emily não tinha consciência de que seu problema fundamental era a raiva que sentia de Jim. A raiva que Jim sentia de Emily, por sua vez, costumava ocultar-se em uma atitude fria em relação à esposa e em sua má vontade em ajudá-la. O casal conseguiu curar sua raiva porque deram os sete passos para isso, sem nem perceber que tinham dado o primeiro. Os dois se mostraram dispostos a examinar a si próprios, a tomar consciência de sua raiva e das consequências dela, a enxergar seu relacionamento por um novo prisma, a se abrir um com o outro e a assumir cada qual a sua responsabilidade, fazendo outras escolhas.

5. Passo dois: Assumir a responsabilidade

Quando você desenvolve consciência das diversas manifestações e disfarces de sua raiva, o passo seguinte é assumir completa e totalmente a responsabilidade por ela. Esse é o mais difícil dos passos e o mais crucial. Sem assumir plenamente a responsabilidade por sua raiva, não é possível curar essa emoção. Esse passo também é difícil porque pensamos que nossa raiva é causada por uma situação externa, ou por um problema em nossa química cerebral.

Nossa tendência natural é justificar a raiva culpando alguém ou alguma coisa. Alguém nos traiu, impediu a realização de nossos desejos, atrapalhou nossos planos, frustrou nossas esperanças, foi insensível. Ou então, o tempo ficou ruim, o mercado de ações caiu, um acidente fez que nos atrasássemos. Isso não justifica a nossa raiva? Ela não foi causada por um evento externo? Se esse evento não tivesse ocorrido, não teríamos ficado com raiva. Como podemos assumir a responsabilidade por isso? O que isso significa?

É um erro acreditar que um evento externo seja a *causa* de nossa raiva. Nessa conta, algo vital fica fora da equação. O evento externo é um *fator* de nossa raiva, mas não sua causa. Nossos desejos e aversões são dirigidos para fora. Queremos que as coisas aconteçam do jeito que imaginamos. Queremos que os outros promovam os nossos interesses e não os atrapalhem. Mas não levamos em consideração o fato de que *a essência de nossa humanidade está na consciência capaz de discriminação e na escolha que discrimina.* Podemos escolher como julgar e como reagir aos outros e aos acontecimentos externos. Deixamos de considerar o *nosso* papel – nossa mente, nossas atitudes, nossos desejos e aversões, nossos julgamentos, nosso egocentrismo, nossa capacidade de autocontrole e nossa disposição a isso. O que deixamos de fora é a *mente* como um agente intermediador entre os eventos externos e a energia da raiva. Dependendo de nosso estado de espírito, podemos ficar com raiva pelo mais trivial dos inconvenientes ou responder com moderação diante do mais terrível infortúnio.

Para assumir plena responsabilidade por nossa raiva, temos de superar dois obstáculos e fazer dois sacrifícios. O primeiro obstáculo é a tentação de culpar os outros ou os acontecimentos. Queremos acreditar que estamos certos e que nossas ações são justificadas. Colocar a culpa fora de nós faz que nos sintamos justificados. Culpar alguém ou algo externo, ao mesmo tempo, expressa nossa raiva e a justifica. "Ela fez isso comigo! Olhe só o que ela fez! Viu o que ela fez? Como você pode me culpar por estar com raiva?" Temos uma porção de objetos de culpa: as outras pessoas (e muitas delas nos provocam, incluindo nossa família, amigos e namorados), as condições ou instituições sociais (por exemplo, a pobreza, a injustiça, o preconceito, governos desrespeitosos, empresas corruptas etc.) e o bode expiatório mais largamente utilizado: a doença mental. Como dissemos, hoje muitos especialistas culpam traumas emocionais passados, defeitos genéticos ou desequilíbrios neuroquímicos pelas explosões de raiva, agressividade e violência. Culpar um desses fatores por nossa raiva, porém, servirá apenas para justificá-la e perpetuá-la.

Sejam quais forem os fatores sociais ou biológicos envolvidos, em última instância devemos assumir responsabilidade por nossa raiva, agressividade e violência. Assim, o primeiro sacrifício consiste em renunciar à culpabilização como instrumento para acalmar o nosso ego. Quero enfatizar que isso não significa que os outros não tenham agido errado ou que não nos tenham causado danos, ou que os acontecimentos externos não sejam infelizes ou trágicos. *Significa que a nossa intenção é trabalhar a nossa raiva, seja o que for que a tenha provocado.* Quando a ofensa é inadmissível, culpar os outros pode *parecer* justificado. Mesmo nesse caso, na medida em que culpamos os outros e deixamos de assumir a responsabilidade por nossa raiva, prejudicamos nossa capacidade de curá-la. Esse é um obstáculo muito difícil de superar. A tendência a jogar a culpa em algo ou alguém é praticamente instintiva. A chave está em trabalhar constantemente essa emoção.

O segundo obstáculo é a falta de disposição para examinarmos a nós mesmos. Nossa tendência natural é exagerar nossas virtudes e minimizar nossos defeitos e falhas, porque queremos nos sentir bem. Como podemos nos sentir bem a nosso respeito se a causa de nossa raiva somos *nós*, e não os eventos externos? Isso quer dizer que nós somos os culpados? Se ficamos com raiva de alguém que atrapalha os nossos planos, que nos prejudica, que nos rouba, mente para nós, nos trai, então assumir responsabilidade por nossa raiva significa culpar a nós mesmos, e não o ladrão, o mentiroso ou o traidor? Pensamos que se os outros não são culpados por nossa raiva, então nós é que devemos ser. Essa é a lógica da culpa. Ainda estamos no jogo da culpa. Ironicamente, o ato de assumir a culpa é motivado pelo desejo de se sentir bem consigo mesmo. A autocondenação é uma demonstração de consciência. Ao confessar nossa culpa, estamos demonstrando que distinguimos o certo do errado e admitimos que erramos. Ao mesmo tempo, estamos desculpando os outros, esperando, talvez, que eles nos perdoem. No direito anglo-saxão, a confissão da culpa favorece certo grau de perdão, pode levar a uma sentença mais leve e, em alguns casos, a elogios.

O segundo sacrifício consiste em desistir de se culpar. Assumir responsabilidade não quer dizer se culpar. Ao contrário, significa não se culpar *nem* culpar mais ninguém. Isso pode ser paradoxal. *Não* quer dizer que você *não* deve considerar a sua participação na produção da raiva. Mas que você deve olhar para si mesmo sem imediatamente se julgar ou se defender. Em vez disso, apenas olhar de maneira isenta para seus pensamentos, sentimentos e atos e suas consequências, incluindo estar consciente do que você quer ou não quer que aconteça. Não quer dizer que abandonamos a capacidade de fazer distinções morais. Ao contrário, isso pode nos ajudar a compreendê-las mais profundamente e a perceber nossos próprios desejos e temores com mais clareza. Essa é uma lição que precisa ser reaprendida com frequência, para que possa ser profundamente compreendida e assimilada. Todos nós temos a capacidade de autoconscientização, de admitir nossos desejos e aversões sem nos culpar e de saber se o que fazemos pode prejudicar os outros ou nós mesmos.

* * *

A palavra "responsabilidade" pode confundir porque é usada de muitas maneiras contraditórias. Em geral, as pessoas usam-na quando querem dizer que alguém é imputável, por exemplo, quando o acusado por um crime é considerado responsável por ele, portanto, é culpado, dono de seus atos e pode ser punido com justiça. "Você é responsável" pode ser interpretado como: "É sua culpa, você é culpado e merece ser punido." Nesse caso, o júri condena a pessoa responsável e, exceto quando existem atenuantes, rejeita a ideia de que outras pessoas ou eventos externos sejam a causa de seus atos. A função dessa noção de "responsabilidade" é providenciar uma base lógica para o julgamento e a punição.

Outro significado popular de responsabilidade é "obrigação". "Você é responsável por suas tarefas." "A classe é responsável por entregar os trabalhos no prazo." "Você é responsável por dirigir com cuidado." A liberdade só é tolerável quando acompanhada de uma restrição comum. Essa restrição é chamada de "responsabilidade" e é definida como uma virtude. Nesse sentido, "responsabilidade" é uma restrição à satisfação de certos desejos e a exigência de que sejam enfrentadas certas aversões, como os impostos, por exemplo. "Com a liberdade vem a responsabilidade e a responsabilidade do cidadão é obedecer às leis." A função desse sentido do termo é persuadir, impor e coagir. Nenhum desses dois sentidos da palavra será usado aqui.

O sentido em que a palavra "responsabilidade" é usada aqui é "capacidade de responder", ou seja, capacidade de responder por meio de uma variedade de escolhas construtivas em vez da mera resposta impulsiva ou condicionada. A responsabilidade é uma habilidade que se adquire, como aprender a jogar xadrez, por exemplo, exceto que aqui falamos de aprender a viver de modo inteligente e habilidoso. Geralmente, a raiva brota como uma reação imediata, não planejada, não pretendida e automática a uma pessoa ou situação que desperte nossa aversão. E é alimentada por desejos intensos, medos implacáveis ou aversões inflexíveis que podem ou não ser condicionadas por experiências passadas. Assumir a responsabilidade significa recusar a tirania das reações automáticas ou habituais e, em vez disso, cultivar a propensão a aceitar, até certo ponto, a frustração, a ansiedade e a impotência. Significa aprender a tolerar experiências desagradáveis ou dolorosas sem agir impulsivamente de modo negativo ou prejudicial a si mesmo ou aos outros com a intenção de reduzi-las ou eliminá-las. Significa refletir sobre a situação e responder a ela por meio de uma atitude positiva ou construtiva ou pela inação. A sábia monja budista Pema Chodron dá o seguinte conselho a seus alunos:

> No momento exato em que vocês estiverem prestes a perder a cabeça, lembrem-se disto: vocês são discípulos aprendendo a se sentar imóveis diante do incômodo e do desconforto da energia. Vocês são discípulos enfrentando o desafio de se manterem sentados e se abrirem para a situação com toda a coragem e a bondade de que forem capazes.

* * *

Assumir a responsabilidade significa aceitar a autoria e a posse de seus sentimentos, pensamentos e atos e as consequências disso. Isso pode parecer uma proposta radical. Parece que se está pedindo muito, mas temos a capacidade de aceitar a responsabilidade por nosso *comportamento*. A etiqueta social, suas regras e leis estipulam que o fazemos. Não conseguiríamos viver juntos se não agíssemos assim. *Mas nossos pensamentos e sentimentos também?* Costumamos considerá-los processos além de nosso controle consciente. Nossos pensamentos e sentimentos parecem nos ocorrer sem serem chamados. Achamos que eles nos *tomam de assalto*. Como podemos ser responsáveis por pensamentos que brotam de repente em nossa cabeça e por sentimentos que surgem sem a nossa vontade?

Todos nós passamos por treinamentos mentais na escola. A matemática é um treinamento da mente que nos ensina a controlar nosso pensamento e a seguir regras precisas de procedimento. Na escola aprendemos a controlar nosso corpo nos esportes. Aprendemos a ler e a escrever e, dessa maneira, a pensar. Aprender gramática é treinar a mente. Em casa, podemos permitir que nossas emoções tenham livre curso e, às vezes, ficamos coléricos. Mas na escola ou no trabalho precisamos nos controlar. Se podemos ser responsáveis por nossos pensamentos e sentimentos por algum tempo, será que não temos potencial para fazê-lo por mais tempo?

Aceitar a posse, a propriedade de nossos pensamentos, sentimentos e atos, incluindo a raiva e a agressividade, significa admitir que suas causas e, portanto, o poder de controlá-los, estão dentro de nós, e não nas demais pessoas e nas situações. "Dentro de nós" quer dizer em nossa mente. Assumir a responsabilidade por nossa raiva significa darmo-nos conta de que a raiva é uma função da mente. Significa olhar para ela em profundidade e perceber, por experiência própria, que as outras pessoas e as circunstâncias externas não podem controlar a nossa mente, a menos que permitamos que o façam. Quando nos dispomos a tomar consciência, podemos ver por nós mesmos que os fatos externos só nos provocam na medida em que permitimos que isso aconteça. A raiva só pode ser curada pela transformação da resposta da mente.

Ellen era uma universitária de 21 anos que procurou a terapia por causa de uma depressão que a impedia de se concentrar nos trabalhos acadêmicos. Suas notas estavam piorando e ela estava quase abandonando o curso. Contou que, dos 8 aos 13 anos, tinha sido sexualmente molestada pelo pai e que, quando o enfrentou, ele se afastou dela. Ele acariciava os órgãos genitais dela e a obrigava a tocar em seu pênis. Também a ameaçava, dizendo que a acusaria de mentirosa caso denunciasse os abusos à mãe. Havia pouco tempo, sua irmã, dois anos mais velha, contara que também tinha sido molestada pelo pai.

Ellen sentia uma tremenda raiva do pai, mas sempre tivera muito medo de enfrentá-lo. Depois que os abusos cessaram, ela se queixou para a mãe, porém esta se negou a crer que o marido pudesse ter cometido um ato tão terrível e, temendo acabar com seu casamento e destruir a família, se recusou a confrontá-lo. Desde que entrara na universidade, Ellen evitava visitar a família nos feriados e nas férias, por causa da raiva não resolvida que sentia do pai, e acabou se afastando da mãe, da irmã e do irmão, a quem amava e de quem sentia muita saudade. Sua depressão era resultado da raiva, inútil e reprimida, que sentia do pai, e da perda do convívio com a família.

À medida que Ellen foi tomando contato com sua raiva e conseguiu manifestá-la, sua depressão começou a passar. Motivada por sua indignação, ficou obcecada pela ideia de ir para casa naquele Natal, pela primeira vez em três anos, e enfrentar o pai. Conforme ensaiava mentalmente a cena que teria com ele, começou a hesitar, com medo de magoar a mãe e desagregar a família. Em sua dificuldade para solucionar o conflito, pediu que eu a aconselhasse quanto a enfrentar o pai ou não. Eu lhe disse que a escolha era dela e que ela deveria pesar seus sentimentos e as possíveis consequências das duas alternativas. Entretanto, quer resolvesse enfrentar o pai quer não, primeiro deveria olhar para sua raiva e tentar resolvê-la.

Para Ellen era extremamente difícil aceitar a ideia de que curar a raiva era importante *para ela mesma* – o que era compreensível, pois achava que o pai tinha cometido um ato imperdoável e que sua raiva era justificada. Como perdoá-lo? Concordei que a atitude do pai era indesculpável e que sua raiva era compreensível. Apesar disso, ela estava sofrendo com essa raiva não resolvida e seria mais fácil tomar uma decisão se examinasse seus sentimentos mais a fundo e assumisse a responsabilidade por suas emoções. Perdoar o pai não é o mesmo que desculpá-lo. *O perdão é para quem perdoa.* É uma aceitação das coisas como elas são, ou como foram. Ellen teve um pequeno momento de revelação quando começou a refletir sobre essa minha sugestão de que havia uma diferença entre assumir a responsabilidade por sua raiva e desculpar os atos do pai. Estes haviam sido abomináveis. Apesar disso, a raiva era dela.

Quando começou a analisar a raiva, percebeu que alimentava o desejo oculto de que os abusos não tivessem ocorrido. Era como se a raiva lhe permitisse continuar agarrada à esperança de que tudo aquilo pudesse desaparecer. Quando entrou em depressão, tinha perdido a esperança de que o drama desaparecesse, porque o trauma estava continuamente presente na saudade que ela sentia de sua família. Quando sentia mais raiva, a esperança voltava, mas era uma esperança impotente. Para curar a raiva, Ellen tinha de encarar os fatos. Como todos nós precisamos fazer, ela tinha de aceitar a irreversibilidade do passado. O abuso e sua reação emocional a esse fato não poderiam ser negados nem revertidos. Eram fatos históricos imutáveis. Como todos nós, ela estava diante de uma escolha, podia aceitar o passado, aceitar que o abuso tinha de fato ocorrido, ou seguir continuamente emaranhada nas emoções ligadas ao desejo impossível de que nada daquilo tivesse acontecido, motivada por elas e projetando-as em sua vida.

Ellen percebeu ainda que estava com raiva porque sentia medo do pai, medo que a deixava impotente para enfrentá-lo, e também vergonha. Aos poucos, passou a compreender a diferença entre desculpar o pai por suas atitudes e aceitar que o abuso tivesse acontecido. Deu-se conta de que tinha cultivado a fantasia de que, ao enfrentá-lo, o abuso pudesse ser "abolido". Quando aceitou o *fato* de que ele a molestara, começou a relaxar e a liberar a raiva, ao mesmo tempo que preservava seu julgamento de que o pai era culpado de um ato inadmissível. Quando entrou em contato com o medo que sentia do pai, compreendeu que seria preciso coragem para enfrentá-lo. Ao criar coragem, sua autoestima melhorou.

Assim que começou a assumir responsabilidade por sua raiva, esta começou a diminuir de intensidade. Tenho visto essa mudança notável ocorrer com frequência quando as pessoas assumem a responsabilidade por sua raiva. Elas começam a se soltar e a relaxar, aceitando a dor. Se o perigo está em nós, não é tão ameaçador quanto seria se viesse de fora. Quando assumimos a responsabilidade por nossa raiva, algumas escolhas se nos apresentam. Enquanto Ellen lutava com a escolha entre enfrentar o pai ou não, sentia tanto a dor de uma alternativa quanto da outra. Se o enfrentasse, se sentiria culpada por magoar e, talvez, desagregar a família. Se não o enfrentasse, teria vergonha de sua covardia pelo resto da vida.

Aconselhei-a a examinar a diferença entre o que os budistas chamam de "culpa verdadeira" e "falsa culpa". A culpa verdadeira é um tipo de remorso por ter ferido alguém intencionalmente ou por ter transgredido alguma lei. A falsa culpa é o medo de que alguém possa se sentir magoado por algo que você disse ou fez de maneira autêntica, sem o menor desejo de ferir os sentimentos de ninguém. A falsa culpa faz que deixemos de ser autênticos. Ela nos leva a agir de uma maneira que, a nosso ver, fará que os outros gostem de nós ou, pelo menos, não nos rejeitem. Enfrentar o pai seria um ato autêntico, pois a intenção dela não seria a de prejudicar, mas, sim, de expor um segredo sujo, denunciar uma injustiça, criar uma oportunidade para a confissão dele e, quem sabe, até para perdoá-lo. Ao refletir sobre a diferença entre magoar sua família e ficar ela própria magoada diante da revelação do que tinha ocorrido no passado, Ellen se sentiu mais forte.

Conforme a terapia progredia, ela começou a perceber que poderia se decidir a aceitar o fato de ter sido sexualmente molestada pelo pai sem, com isso, desculpá-lo. Conseguiu perceber o valor de confrontá-lo sem raiva, oferecendo-lhe uma chance de confessar o mal feito e pedir perdão, ou então negar tudo e seguir vivendo uma mentira. Essa reflexão também a ajudou a sentir-se fortalecida. Enquanto sentira raiva, tivera medo de enfrentá-lo, medo de que sua própria raiva, e não o abuso, se tornasse o foco da cena. Se ela não estivesse com raiva, seu pai é que ficaria na berlinda, não ela. Além disso, Ellen pôde perceber seu desejo de se reaproximar dos demais membros da família, de quem sentia enorme saudade.

Ao tomar consciência de que a decisão era sua e de que podia escolher entre enfrentar o pai ou não, sua raiva desapareceu e a depressão diminuiu. Ao pensar nisso, imaginou um cenário e o outro, refletindo sobre as possíveis consequências de cada opção. Por fim, achou que estava forte o suficiente para resolver aceitar o passado sem raiva. Sentiu-se capaz de enfrentar o pai, mas preferiu poupar a família desse sofrimento. Resolveu que visitaria a família e desfrutaria de sua companhia, mantendo-se cordial, porém emocionalmente distante do pai.

Na semana seguinte, contou que a visita tinha corrido bem. Ficara muito feliz por reencontrar a mãe e os irmãos e constatou que era capaz de olhar para o pai com novos olhos, não raivosamente, como se ele fosse o demônio, mas com compaixão, vendo nele um homem profundamente perturbado, triste, emocionalmente fechado, de quem não poderia nem queria se sentir próxima, mas de quem não sentia mais raiva. Ao assumir a responsabilidade por sua raiva e por sua decisão de aceitar o passado sem desculpar nem enfrentar o pai, Ellen renovou sua autoestima e seu autocontrole. Em pouco tempo, voltou a se concentrar nos estudos e se formou com louvor.

O passo crucial para a cura de Ellen não foi ela ter decidido não enfrentar o pai. Outras vítimas de abuso podem decidir enfrentar o agressor e se sentirem bem justamente por isso. Essa escolha é individual. Nenhum especialista pode assumir tal "responsabilidade". O ponto importante aqui é, seja qual for a escolha da vítima do abuso, o caminho da cura passa por assumir a responsabilidade pela raiva – quer dizer, admitir e utilizar a capacidade de escolha de sua resposta. Decidir não enfrentar o pai, continuando a sentir raiva dele, não teria curado a depressão e o sofrimento de Ellen. Se ela tivesse decidido enfrentá-lo motivada pela raiva, provavelmente teria iniciado um ciclo infeliz de mágoas, frias defesas do ego, ofensas ferinas, mais raiva e depressão. O caminho da cura da raiva começa quando assumimos nossa responsabilidade por ela.

* * *

Às vezes, as pessoas não assumem a responsabilidade por sua raiva e continuam vivendo o sofrimento. Fred me consultou depois de ter sido obrigado a isso. Tinha 37 anos, era um bem--sucedido carpinteiro e construtor de casas, veterano da guerra do Vietnã e tinha visto muitas mortes em combate. Era "machão", grande, musculoso, andava de motocicleta e gostava de beber cerveja, caçar e pescar com seus companheiros. Na realidade, não queria fazer terapia, mas sua esposa insistira nisso. A bem da verdade, ela ameaçara deixá-lo caso ele não procurasse um terapeuta para resolver o problema de sua raiva. Na semana anterior à primeira consulta, ele tinha perdido a cabeça e lhe dera uma bofetada. Lamentava ter feito isso. Reconhecia que estava errado, "mas ela me provocou, doutor. Quer dizer, estou arrependido de ter feito isso, não quero machucá-la. Eu a amo. Ela é uma boa esposa e boa mãe para as crianças. Mas ela me provoca. Ela me irrita".

Perguntei se ele costumava ficar zangado com a esposa com frequência e o que o deixava com raiva. Ele disse que tudo começara com uma bobagem, mas depois tinha aumentado e agora estavam tendo discussões fortes uma ou duas vezes por semana, ou mais, geralmente – ele disse com cinismo e satisfação – "porque saio com os meus amigos. Desde o começo, eu disse a ela que os amigos eram importantes para mim. Gosto de ficar com eles. Ela fica com ciúmes, não quer que eu vá. Quer que eu fique em casa com ela e as crianças todas as noites. Tenho o direito de ver os meus amigos, ou não tenho, hein, doutor?"

Senti que ele estava me pedindo para autorizar sua raiva, confirmando que ele tinha motivos para senti-la. Se eu concordasse com isso, então, ele poderia ir para casa e dizer para a esposa que a raiva que sentia era culpa dela. E, se eu discordasse, ele entenderia meu gesto como uma aliança com a esposa. Evitei a armadilha dizendo que gostaria de conversar sobre isso com ele, mas que, em minha opinião, havia um problema anterior, ou seja, a raiva dele e o fato de ele ter agredido a esposa. Perguntei então: "Você quer continuar sentindo raiva de sua mulher e criar uma crise no casamento? Ou quer aprender a resolver essa raiva de um modo mais eficiente, independentemente de eu concordar ou não com você quanto aos conflitos com sua esposa? Se você tem ou não direito a estar com seus amigos, no fundo, é uma questão que cabe a você decidir. Você deve avaliar as consequências da escolha que fizer, seja ela qual for. Mas não tem o direito de bater em sua esposa. E sua raiva está acabando com o relacionamento de vocês, que, você diz, é importante em sua vida. Você quer trabalhar sua raiva?"

Ali estava ele, preso entre o amor pela esposa e a ligação com os amigos. Não queria abrir mão de nenhum dos dois. Concordou em trabalhar sua raiva, mas da boca para fora, sem convicção.

Ele concordava porque era conveniente: atendia à exigência da esposa de que devia procurar um terapeuta, enquanto ganhava tempo para ver como sair dessa sem precisar mudar nada. Apesar disso, não tinha fechado totalmente a porta para o trabalho com sua raiva, e concordou em continuar conversando comigo por algum tempo, "se servir para alguma coisa", acrescentou, lembrando-me de que reservava para si a opção de parar quando bem entendesse. "Se vai servir para alguma coisa ou não, só depende de você", respondi. Ele marcou nova sessão.

Na segunda consulta, pedi que me falasse de sua raiva – da história dessa emoção, desde o mais antigo acontecimento de que pudesse se lembrar, dos seus piores momentos de raiva, de como se sentia com isso tudo. Conforme ia falando, começou a perceber o papel central que a raiva tinha em sua vida. Ao se ouvir contando sua história, constatou que a trilha de raiva e agressividade chegava até a raiva e a agressividade de seu pai em relação à sua mãe e a ele próprio. Conseguia enxergar o pai em si mesmo. E podia ver os problemas que a raiva tinha criado em sua vida, com os pais, na escola, onde tinha tido algumas brigas, com os amigos, com quem entrava em conflito, com seus superiores, no exército, e outras figuras de autoridade e, agora, com sua esposa.

Perguntei se ele queria continuar manifestando sua raiva, considerando que isso poderia custar seu casamento, ou se queria resolvê-la. Estaria disposto a se comprometer a dominá-la? "Como faço isso?", ele perguntou em tom cético. "Vou mostrar", respondi. "Mas, antes, você tem de assumir a responsabilidade por sua raiva e olhar para ela de frente. Se fizer isso, poderá aprender a lidar com ela. Se não o fizer, se não aceitar o desafio, então o rumo de sua vida será traçado pela raiva, o que poderá lhe causar muito sofrimento." Ele resmungou um pouco, com ceticismo, mas, por fim, disse: "Eu amo minha mulher, doutor. Não quero perdê-la. Ela é a melhor coisa que já me aconteceu na vida. Vou fazer o que for preciso."

Com o consentimento de Fred, entrevistei sua esposa, Karen. Ela começou retomando, em tom irado, o incidente em que Fred lhe dera uma bofetada. "Não vou aceitar agressões físicas", declarou. "Mais uma vez e ele vai embora. Além disso, estou cansada de ele nunca estar em casa. Não gosto que passe tanto tempo com os amigos. Fico com ciúmes, reconheço. Mas eu quero uma vida doméstica, um marido que queira estar com sua família, não um adolescente que quer zanzar por aí com os amigos, fazendo todo tipo de farra. Se ele não mudar, não sei quanto tempo mais nosso casamento vai durar." Sua raiva amainou e se transformou em tristeza; ela começou a chorar. "Mas eu o amo. Ele é um bom homem, tem boa intenção. Eu sei que ele me ama, e ama os filhos também. Ele nos dá tudo o que precisamos. Quando ele está em casa, todos nos divertimos juntos. Temos uma vida boa, pelo menos parte do tempo. Não quero perdê-lo, mas não vou tolerar tapas, agressões e desrespeito."

Na próxima sessão com Fred, pedi a ele que me contasse a sua versão da história. Por que ele tinha batido na mulher? "Estou arrependido de ter feito isso, doutor. Já disse. Mas ela me irrita. Tenta me controlar. Acho que atingi o meu limite e explodi com ela. Não quero ser controlado. Odeio quando as pessoas me dizem o que fazer. Ela quer que eu viva do jeito dela. Não vou desistir dos meus amigos. Eles são meus camaradas."

"Eu entendo que você está culpando sua esposa por sua raiva", comentei. Ele quase ficou sem palavras. "É claro! Ela não tinha nada que me irritar e não deveria tentar me controlar. Ela me deixa louco de raiva quando não quer fazer amor comigo a menos que eu faça o que ela quer." Respondi no mesmo instante: "Este é o momento de você honrar seu compromisso de assumir a responsabilidade por sua raiva. Como *você* está provocando sua raiva?" "Quem, eu? Como eu provoco? Mas o que você está dizendo?" "Bem", eu disse, "ficamos com raiva ou porque não conseguimos o que queremos ou porque obtemos o que não queremos." "Certo!", ele gritou. "Eu quero sair com os meus amigos sem que a Karen fique brava comigo."

"Talvez não dê para ter as duas coisas", respondi. "Você não pode controlar a Karen. Ela pode resolver que é melhor se separar do que viver com um marido que bate nela e nunca está em casa. E ela não pode controlar você. Você pode continuar saindo com os amigos sempre que quiser, ou pode respeitar o desejo de Karen e ficar mais tempo em casa. A escolha é sua. Você é responsável por essa escolha. Ficar com raiva de sua esposa porque você não quer encarar essa escolha, e tentar intimidá-la para que ela aceite as coisas como você quer não é assumir a responsabilidade por sua raiva ou por seus atos."

De repente, ele caiu em si. Num instante, percebeu que estava tentando controlar Karen com sua raiva para que ela o deixasse fazer as coisas que ele queria, mas, ao mesmo tempo, isso a afastava dele. No decorrer de várias sessões, ficou mais claro para ele que assumir a responsabilidade por sua raiva o obrigava a fazer escolhas, a tomar certas decisões. Ele tinha de respeitar os sentimentos de Karen e não tentar modificá-los pela força ou pela intimidação. Isso significava que tinha de escolher entre sua esposa e família e seus amigos. Seus amigos eram, na maioria, solteiros ou divorciados, ou também viviam relacionamentos conflituosos. Os que tinham bons casamentos apareciam com menos frequência e ficavam mais tempo com a família.

Passamos diversas sessões conversando sobre o seu relacionamento e sobre relacionamentos em geral. Discutimos como o casamento é uma fusão de duas pessoas, na qual, para que o vínculo dure, cada uma precisa renunciar a uma parcela de sua individualidade, a fim de criar uma base comum. Renunciar significa desistir da mente normal, neurótica, que defende seu território com unhas e dentes, suas preferências e aversões e seu autoconceito. O relacionamento amoroso requer corações que se abram um para o outro com doçura. É uma dança de dar e receber.

Uma dança delicada. A pessoa não pode desistir de tudo e colar na outra como um visgo, a menos que queira perder sua identidade e, junto com ela, o respeito do outro. Os relacionamentos podem ser sufocantes se não houver espaço. Entretanto, quando cada um tenta encontrar sua própria individualidade, podem surgir conflitos, que se transformam em raiva, agressividade ou violência. Em todos os relacionamentos, as pessoas têm os desejos contraditórios de se fundir com o outro e de se manter separadas dele. Nesse processo, chegam a extremos, que vão da individualidade radical, com quase nenhuma disposição à renúncia, até o extremo de se viciar no outro – tornando-se escravas do prazer, da obrigação e da culpa. Em um bom relacionamento, essas polaridades estão em equilíbrio. "Você precisa resolver isso com a Karen", aconselhei, "de maneira que cada um possa conviver com o jeito de ser do outro. Senão, vocês não vão conseguir ficar juntos."

Fred concordou em passar mais tempo com a família, para a grande alegria de Karen. Mas o fez em pequenos passos, hesitante, mal disfarçando o ressentimento. Falamos sobre como ele estava se entregando o mínimo possível, ainda esperando poder fazer as coisas de seu jeito, e reagindo às frustrações com variações da raiva – cooperando com relutância, sendo passivamente agressivo, mesquinho, usando um tom de voz mordaz, e assim por diante. Depois de algumas sessões, ele reconheceu que estava cedendo aos poucos e a contragosto, não com franqueza ou sem ressentimentos. Realmente, não tinha assumido a responsabilidade de equilibrar o desejo de passar seu tempo com os amigos e o desejo de satisfazer a expectativa de Karen de que ele se tornasse marido e pai em tempo integral. Enquanto sentisse raiva das mudanças que estava fazendo, por mais sutil que fosse o sentimento, ele não estava comprometido por inteiro com essa escolha e alimentava um ressentimento residual. Fred não estava disposto a assumir plena responsabilidade por sua raiva. Cancelou as sessões, foi se afastando da terapia e, enfim, abandonou o trabalho por completo. Mais tarde, fiquei sabendo que ele e Karen continuaram brigando, terminaram se afastando e, por fim, se divorciaram.

A energia da raiva não pode ser domada nem transformada sem que a pessoa assuma a responsabilidade por ela. Seria como tentar domar um cavalo sem montá-lo. No entanto, devemos tomar cuidado para não tentar assumir a responsabilidade pela raiva como se isso fosse uma obrigação. Não podemos fazer isso por meio de um conjunto de regras, preceitos e proibições. Assumir responsabilidade é um processo de suavização e abertura, que permite escolhas criativas e flexíveis. Do ponto de vista da biologia evolutiva, a capacidade de responder é um instrumento de sobrevivência. Sempre me espantei com a expressão "seleção natural", pois isso implica que a natureza escolhe. E ela faz mesmo isso. Escolhe para sobreviver as criaturas que não estão presas a um único modo de reagir. A responsabilidade é uma adaptação flexível e inteligente às situações da vida. Pode ser uma questão de sobrevivência tanto para a pessoa como para a espécie.

6. Passo três: Compreender a raiva, a agressividade e a violência

QUANDO VOCÊ ESTIVER mais consciente da própria raiva e assumir maior responsabilidade por ela, será capaz de perceber com mais clareza a dinâmica dessa emoção e seus aspectos que antes não percebia e poderá se familiarizar melhor com ela. A melhor maneira de se inteirar da energia da raiva é conhecê-la diretamente, sem intermediários. Aliás, não há outro modo. Você só poderá dominar essa energia com habilidade se tiver intimidade com ela, a partir de suas próprias experiências.

No capítulo 3, apresentei a prática da meditação como um método para reconhecer e acalmar a hipermentação. Quando sua mente estiver mais calma, você poderá dirigir sua atenção para o real conteúdo dos pensamentos e sentimentos. Com as rédeas nas mãos, é possível desenvolver um relacionamento mais produtivo com a mente descontrolada.

Aquiete-se usando as técnicas descritas no capítulo 3. Quando os pensamentos e sentimentos passarem a surgir de forma mais clara e com menor frequência, e você estiver descontraído o suficiente para observá-los sem se deixar distrair ou envolver, estará pronto para direcionar toda a sua atenção para acompanhar o modo pelo qual a energia da raiva surge e se desenvolve.

Você pode realizar esse experimento mental no conforto do lar. Quando estiver relaxado, lembre-se da última vez em que ficou com raiva, ou recupere alguma outra lembrança de ter ficado com raiva. Visualize o local, as circunstâncias, as pessoas que estavam por perto. Tente se lembrar da situação somente como uma série de eventos, sem permitir que ela se transforme numa história em que você se sinta desculpado ou, ao contrário, se recrimine. Se sentir a emoção crescer enquanto passeia pela memória, interrompa o exercício até que a mente se acalme de novo. É muito difícil lembrar com exatidão conflitos dolorosos do passado. Todos queremos ser capazes de respeito próprio e autoaprovação. Lembre-se: este não é um trabalho para os fracos.

Tente refazer seu caminho nessa situação, desde o início. O que aconteceu? O que você sentiu? Como reagiu? O que você fez e disse? Como a questão se resolveu? Por que você estava com raiva? Considere estas três perguntas essenciais: "O que eu queria e não consegui?"; "O que eu consegui e não queria?"; "Como me senti a meu respeito?" Lembre-se dessas perguntas. Reflita sobre elas. Levará algum tempo para chegar ao fundo de cada uma delas. Elas são a chave para entender sua raiva. Faça uma pausa agora e reflita.

Tudo o que foi discutido até aqui pode ser resumido em um axioma: *a energia da raiva é alimentada por nossos desejos, aversões e interesses pessoais.* (Veja a figura 1.) Quanto mais insistentes forem nossos desejos e aversões, quanto mais estiverem baseados na noção de que merecemos o que desejamos e quanto maior a convicção com que nos defendermos, mais quentes serão as labaredas da raiva. Quanto mais flexíveis nós formos, quanto mais suave e generosamente estivermos dispostos a abrir mão do que queremos e não podemos ter e a nos abrir para o que não queremos e não podemos evitar, mais humildes seremos e, assim, estaremos menos propensos a ficar zangados, agressivos ou violentos. Essa é a fórmula para transformar o vinagre da raiva no mel da clareza de ideias e da paz de espírito.

Nesse exercício, tente recordar e identificar com clareza os sentimentos que apareceram quando você ficou com raiva. Novamente, não julgue, não recrimine nem justifique seus sentimentos; apenas, admita-os. Esse é um passo importante. Quanto maior nossa clareza a respeito de nossos sentimentos, maior nossa habilidade em trabalhá-los. O problema é que, às vezes, nossos desejos e aversões são óbvios, mas às vezes mostram-se sutis e enigmáticos. É fácil reconhecer quando nossos desejos físicos são frustrados. Quando estamos famintos e ficamos com raiva porque o serviço do restaurante é lento, não é difícil descobrir que nosso desejo de comer foi frustrado. Quando estamos atrasados e o trânsito está travado, uma pequena dose de introspecção basta para revelar que nosso desejo é dirigir mais depressa e chegar logo a nosso destino. Os desejos físicos são os mais fáceis de identificar, mas eles são causas menos frequentes e mais benignas da raiva. Já os desejos do ego são mais ardilosos.

Desejos bipolares

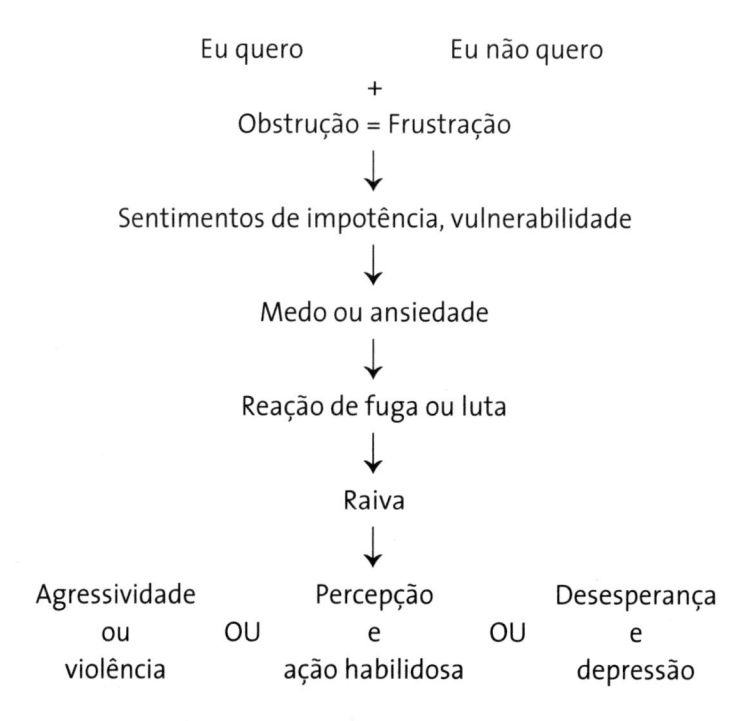

Eu quero   Eu não quero
+
Obstrução = Frustração
↓
Sentimentos de impotência, vulnerabilidade
↓
Medo ou ansiedade
↓
Reação de fuga ou luta
↓
Raiva
↓

| Agressividade ou violência | OU | Percepção e ação habilidosa | OU | Desesperança e depressão |

Figura 1. A dinâmica da raiva e da agressividade.

Os desejos do ego são mais abstratos do que os desejos físicos. São mais sublimes, escorregadios e difíceis de identificar. Geralmente não sentimos culpa por ter fome ou sono, mas podemos nos mostrar relutantes a admitir que adoramos ser admirados e paparicados e conseguir que tudo aconteça como queremos. É incômodo admitir que esses desejos podem ser a motivação da nossa raiva. Se você se sentir um pouco envergonhado quando tomar consciência desses desejos e aversões pouco dignos de admiração, tente relaxar e adotar a equanimidade do observador. Você é uma testemunha da natureza humana.

* * *

Três desejos do ego demandam atenção e reflexão especiais. Em primeiro lugar, nossas expectativas, nossas ideias fantasiosas de como deveriam ser as pessoas e a vida são um ingrediente volátil de nossa vida mental e emocional. Projetamos o nosso ideal de felicidade no futuro como imagens de perfeição, nas quais nos apoiamos. Inevitavelmente, elas serão postas à prova pela realidade e, às vezes, se tornarão realidade; às vezes, não. Nossas expectativas podem ser mascaradas pela linguagem que empregamos. Considere, por exemplo, o conceito de confiança.

Queremos confiar nas pessoas que fazem parte de nossa vida. Mas o que isso quer dizer? Pensamos na confiabilidade como uma qualidade dos outros. Algumas pessoas são confiáveis, outras não. Mas se entendermos a confiança como uma qualidade nossa, ela adquire outro significado. A confiança é algo que concedemos aos outros – dependendo de quão seguros estejamos de nossa capacidade de prever o comportamento alheio. Como confiar numa pessoa imprevisível? Ela pode fazer qualquer coisa. A esposa confia que seu marido lhe será sexualmente fiel; se ele for infiel, o voto de confiança se romperá. Ela ficará insegura. Como poderá ter certeza de que ele não a trairá novamente? Como poderá descansar na certeza de que ele lhe será fiel no futuro e não a abandonará? Essa espécie de confiança se baseia numa ilusão que produz desconfiança.

Algumas de nossas expectativas são asseguradas por lei. Esperamos que as pessoas não nos roubem nem nos firam, enganem ou matem. Se alguma dessas coisas acontecer, o sistema legal se incumbirá de alguma reparação, impondo ao culpado uma pena justa, que deverá desencorajar outras pessoas de transgredir essas expectativas. Mas a maioria de nossas expectativas é informal, fabricada, faz parte de uma história que contamos a nós mesmos sobre como as coisas deveriam ser, como gostaríamos que fossem, como devem ser para que possamos ser felizes e ter a vida maravilhosa que queremos, evitando todos os problemas e padecimentos.

Somos propensos a sentir raiva quando nossa confiança é traída. Isso ameaça a nossa felicidade e nos deixa ansiosos e inseguros. A esposa se afastará do marido que a engana. O patrão demitirá o empregado que desvia o dinheiro da empresa. Quem dará crédito ao sujeito que, regularmente, quebra suas promessas? Contudo, do ponto de vista da responsabilidade pela raiva que sentimos, o verdadeiro problema não está na pessoa que trai nossa confiança, mas nessa espécie de confiança, que é uma expectativa disfarçada.

Isso não quer dizer que a esposa traída não deva se afastar do marido infiel se assim o desejar, ou que devemos sempre dar crédito a quem não tem palavra, ou empregar quem rouba a empresa. Não quer dizer que, quando a confiança que, equivocadamente, colocamos nos outros é violada, devemos culpar nossas expectativas e deixar que abusem de nossa boa vontade. Em vez disso, significa que devemos estar dispostos a adequar nossas ideias a fim de que elas sejam coerentes com a realidade e escolher nossas respostas de maneira consciente, madura e inteligente. É difícil ser consciente e inteligente se, à nossa decepção, acrescentamos a convicção equivocada de que essa decepção é uma violação inadmissível da ordem natural das coisas. Não é.

Um tipo de confiança mais segura é a que depositamos em nós mesmos. Trata-se da confiança baseada na crença de que podemos nos relacionar de modo responsável com as pessoas e os desafios da vida *exatamente como eles são*. O significado literal do termo tibetano normalmente traduzido como "neurose" é "fracasso em aceitar as coisas como elas são". O fracasso em aceitar as pessoas e a vida como elas são é uma poderosa fonte de sofrimento. Isso não quer dizer que não devemos perseguir a felicidade e trabalhar para melhorar as coisas sempre que isso for possível, mas que há aspectos da vida que não controlamos, e a sabedoria maior consiste em aceitar os fatos calmamente. Devemos aceitar que não podemos controlar os outros, exceto quando eles voluntariamente se submetem a isso (mas pagaremos algum preço por essa submissão). Não podemos controlar inteiramente o curso de nossa vida. Podemos tomar decisões e fazer escolhas, porém o que decorrerá disso depende de muitos outros fatores externos. Podemos controlar totalmente nossos atos, mas temos muito menos controle sobre as consequências deles. Confiar em nós mesmos é acreditar que podemos lidar com isso.

Em geral ficamos com raiva (ou deprimidos) quando a vida não corresponde às nossas expectativas. Estas funcionam como suposições tácitas, não examinadas e normalmente inconscientes. Fazemos inúmeras suposições sobre como nós, os outros e a vida devam ser. Uma das suposições predominantes e que, na cultura contemporânea, não costuma ser questionada, é a ideia de progresso, a ideia de que as condições materiais vão melhorar continuamente. As pessoas adotam essa ideia. E esperam sempre mais. Esperam ser capazes de sair da tapera para a cabana, desta para o apartamento, dali para uma casa e da casa para uma mansão. Querem sair do Chevrolet para o Buick e chegar ao BMW, aposentando-se aos 65 anos. Um amigo meu, professor na Universidade Cornell, contou-me, com uma hipérbole algo dramática, que todos os seus colegas são deprimidos. Perguntei-lhe por que achava isso. Ele pensou por um momento e respondeu com um sorriso suave, de quem sabe das coisas: "Porque a vida deles acabou não acontecendo do jeito que esperavam."

As expectativas que acalentamos se assemelham a minas terrestres escondidas em uma trilha. Quando a vida contradiz nossa ideia de como as coisas devem ser, costumamos responder automaticamente com uma reação de decepção, raiva ou depressão. A decepção é a expectativa malograda. Ela pode se disfarçar de muitas formas, em especial como uma indignação aparentemente justa. Se um homem que sente raiva por causa de um garçom lento não está realmente com fome, a raiva dele não é alimentada pelo desejo de comida, mas pelo desejo de se sentir importante, a partir da expectativa de que seria servido de imediato – condizentemente com o elevado conceito que faz de si mesmo. "Sou uma boa pessoa. Tento ajudar os outros. Espero a cortesia de ser servido imediata e competentemente." Ele pode tentar esconder seu desejo egotista, do qual talvez sinta até um pouco de vergonha, dizendo que está com muita fome, mesmo que não esteja. Esse subterfúgio esconde outra expectativa egotista conflitante: "Eu quero ser visto como uma pessoa boa, decente, altruísta, correta, ao mesmo tempo que vou no encalço de meus desejos, evito o indesejável e asseguro a ideia que faço de mim mesmo." O ego é um trapaceiro.

John, um vendedor de 33 anos, veio me consultar porque lhe recomendaram que buscasse tratamento psiquiátrico para sua doença mental. Na primeira sessão, ele me disse que havia sido diagnosticado como bipolar e limítrofe e que fazia uso de medicação pesada. Insistia, com convicção, que não tinha transtorno de personalidade limítrofe. Sentia-se incompreendido pelos psiquiatras anteriores. Tinha bons motivos para seu comportamento, motivos que, segundo ele, os outros não entendiam. Ele também me disse que tinha raiva do pai e que sua vida era um desastre. Conforme ele foi se revelando a mim, reduzi aos poucos a medicação, até que sua mente ficasse livre dessas substâncias.

Após algumas sessões, ele me disse que, sem a medicação, conseguia pensar com mais clareza. Enquanto falava de sua vida, tornou-se evidente que vivia um conflito profundo com o pai. Este me telefonou e, com o consentimento de John, conversei com ele. O pai me falou de sua própria vida, muito tumultuada, com vários desastres conjugais e uma problemática série de sucessos e fracassos profissionais. Homem dinâmico, inteligente e, naquele momento, bem-sucedido, lamentava – mas ressaltava que não se sentia capaz de neutralizar – que sua existência tumultuada tivesse afetado o filho a tal ponto. Foram inúmeros momentos difíceis, transtornos, erros. John precisara suportar muitas decepções.

Para dizer o mínimo, John tinha uma personalidade poderosa. Era sagaz o bastante para racionalizar defensivamente todos os seus desejos e expectativas insatisfeitas, mas não era capaz de se abrir para outros pontos de vista. Estava convencido de que seus sofrimentos pessoais eram causados pelo fato de o pai não ter sido capaz de lhe oferecer aquilo que se sentia no direito de receber. Culpava o pai por seus problemas, em vez de assumir a responsabilidade por sua vida. Durante sua adolescência, ele e o pai tinham vivido um conflito contínuo. Quando John estava no primeiro ano da faculdade, o pai tinha falido e não conseguira mais pagar as mensalidades; John largou o curso. Entrou e saiu de várias faculdades de menor prestígio e nunca chegou a se formar. Sempre tinha uma desculpa perfeita para os próprios fracassos. O pai não pagara as mensalidades, os cursos não serviam para ele, sua vida social era insatisfatória e assim por diante. Tivera vários "colapsos mentais", para os quais os psiquiatras tinham receitado medicamentos, de que, por sua vez, John reclamava, eram a razão de seu insucesso na escola.

John veio me procurar depois de um verão especialmente complicado, em que brigara sem parar com o pai, ameaçara matá-lo e chegara a agredi-lo fisicamente. Ele tentava justificar sua raiva dirigindo continuamente sua atenção aos defeitos e fracassos do pai. Queixava-se ainda de que o pai não o entendia. Sentia muita raiva porque sua vida não era como tinha esperado. Estava com 33 anos e trabalhava como vendedor de carros. Achava-se velho demais para as mulheres solteiras disponíveis em sua cidade. Não conseguia arrumar namorada. Sentia-se um pária social, trabalhando como assalariado. Enquanto isso, seus amigos da faculdade eram médicos, advogados e empresários, que ganhavam centenas de milhares de dólares por ano, moravam em casas de alto padrão e dirigiam carros luxuosos. Por pura inveja e ambição, comprava constantemente coisas muito caras para si mesmo, colocando as compras na conta do pai. Queria ter a vida que os amigos levavam. Achava-se no direito de tê-la. Culpava o pai por suas decepções. Se não fosse pelo pai, estaria onde queria estar na vida; então, achava justificado mandar a conta da vida que "deveria" ter para os cartões de crédito do pai.

Este concordava com a atitude do filho porque se sentia culpado por seus antigos fracassos, em especial por não ter podido pagar um curso superior de bom nível para ele. Quando John começou a fazer terapia comigo, não estava ciente de que a raiva que sentia do pai era alimentada e sustentada por suas altas expectativas em relação à vida. Tinham-lhe dito que ele sofria de algum tipo de "doença", um distúrbio de humor ou de personalidade, o que reforçava sua convicção de que a raiva que sentia e seu sofrimento eram causados por transtornos que o acometiam injustamente e que estavam além de seu controle.

A base da raiva de John era, no entanto, sua expectativa irreal de que a vida deveria lhe dar o que ele quisesse. Ele gastava mais energia explodindo de raiva contra o pai do que resolvendo os problemas diários. Poderia ter se empenhado em realizar seus sonhos sem a ajuda do pai, como fazem tantas pessoas. Poderia ter obtido um empréstimo, terminado a faculdade por conta própria e feito uma pós-graduação, ou ter entrado no mundo dos negócios, como desejava. Poderia ter levado em conta as limitações reais inerentes a sua condição e modificado habilmente suas expectativas e exigências. Se tivesse assumido a responsabilidade por sua raiva, poderia ter sido capaz de assimilar a verdade de que, no final das contas, nenhuma vida é como se espera que seja. Se tivesse se conscientizado dessa maneira, poderia ter descoberto o agridoce prazer que acompanha a aceitação e a capacidade de adaptação, em vez de desperdiçar a vida em frustrações, acessos de ira e culpas que só o prejudicavam. O erro não está na vida, está no desejo.

O desejo é a vontade acompanhada de uma representação idealizada de sua realização. O desejo de ficar rico é a vontade de ter dinheiro e as coisas que o dinheiro pode comprar. As expectativas são desejos que, equivocadamente, acreditamos que *deveriam* e *devem* ser atendidos ao longo da vida. Ao ser desmascaradas, as expectativas se mostram como ideias a respeito de como as pessoas *deveriam* se comportar e de como as coisas *deveriam* ser. Podemos expor uma ideia, duvidar dela e abandoná-la sem abrir mão completamente da expectativa. Esta permanece como uma aspiração, como a vontade de alcançar um estado que se reduziu a um germe, após a rejeição da ideia, mas que, não obstante, continua sendo um ambicionado objeto de desejo. John, por fim, percebeu que a raiva que sentia do pai era alimentada por sua expectativa de que poderia ser bem-sucedido na vida. Isso ele era capaz de admitir. Depois de cada acontecimento, ele era capaz de explicar seus pensamentos, sentimentos e atos como manifestações de suas expectativas. Era capaz até mesmo de se reconciliar com o pai. Porém continuava com raiva, não do pai, mas da vida em si, porque esta não atendera às suas vontades e não lhe dera o que ele queria.

* * *

O primeiro desejo do ego incendeia a raiva em resposta aos eventos por meio do filtro das expectativas inflexíveis. O segundo desejo do ego, que está relacionado com o primeiro, trata da aspiração a ser feliz. A diferença entre os dois é que as nossas expectativas estão abaixo da superfície, aguardando o chamado para defender e justificar a raiva que acompanha as inevitáveis decepções. As expectativas não exigem esforço. Já a busca da felicidade requer esforço, paciência e perseverança. A ideia de que nosso desejo de ser feliz possa ser a causa de nossa raiva parece um paradoxo capaz de desorientar o ego. O que há de errado em querer ser feliz? Todo o mundo quer ser feliz. Esse é um desejo universal da humanidade.

O problema é que estipulamos condições para a nossa felicidade. Seremos felizes "se...". Temos ideias acerca do que nos deixará felizes e temos sofisticadas esperanças e planos elaborados para realizar nossos sonhos – nossos projetos de felicidade. Queremos, enfim, atingir algum tipo de paraíso celestial ou terrestre onde a vida seja fácil e amena. A mente, contudo, é dialética. Opera por contrastes, comparações, contradições, paradoxos e polaridades. Altos e baixos andam juntos, assim como direita e esquerda, eu e o outro, felicidade e infelicidade. Compreender essa polaridade é a chave para entender a dinâmica da energia da raiva.

Se acreditarmos que o dinheiro nos fará felizes, nossos maiores problemas serão financeiros. Cada ganho nos deixará revigorados; cada perda nos derrubará. Talvez pensemos que a vida em família é a fonte da felicidade. Sem dúvida, pode ser a fonte de muita felicidade. Mas se o nosso projeto básico de felicidade for ter uma família tranquila e maravilhosa, em que todos estejam contentes uns com os outros o tempo todo, então os problemas da vida familiar serão a fonte de nossos piores padecimentos.

Atualmente, é comum falarmos que o apego é um "vício". Embora esse termo tenha originalmente servido para se referir a vícios físicos, especialmente em relação a drogas, seu uso tem se tornado cada vez mais indiscriminado. Hoje dizemos que podemos nos viciar em sexo, comida, jogos de azar, dinheiro, TV, e, até mesmo, em pessoas. Esses prazeres são chamados de vícios porque as pessoas sofrem quando o desejo por eles não é atendido. Nesse sentido, também podemos nos tornar "viciados" em nossos projetos de felicidade.

Osho narra a história de um velho que era o homem mais infeliz que se podia conhecer. Era tão infeliz que as pessoas o evitavam. Achavam que seria falta de educação se mostrarem contentes na presença dele, mas também não queriam fingir infelicidade para estar com ele. Certo dia, quando ele completou 80 anos, acordou sentindo-se radiosamente feliz. Seus vizinhos ficaram surpresos e intrigados. Reuniram-se à sua volta e disseram: "A vida toda você foi infeliz. Você tem sido tão infeliz que temos evitado nos aproximar para não sermos contaminados com a sua tristeza. De repente, você está radiante. O que aconteceu?" O velho respondeu: "Por toda a minha vida, busquei a felicidade. Agora que estou com 80 anos, percebo que essa busca foi inútil. Então desisti."

A moral dessa história não é que devemos desistir de nossos projetos de felicidade a fim de evitar a infelicidade. Seria uma renúncia santa e venerável, mas não é para nós, seres humanos comuns. A própria desistência de um projeto de felicidade é um projeto de felicidade motivado pelo desejo de evitar a dor. No entanto, a dor não pode ser evitada. A melhor estratégia é o desprendimento. A lição dessa história consiste no entendimento profundo de que nossos tão prezados projetos de felicidade podem ser frustrados e fracassar. Devemos aprender a mantê-los, mas de maneira leve, descontraída. Devemos estar preparados para desistir deles quando isso for indispensável, e para sermos mais flexíveis e ágeis em nossa maneira de levar a vida.

* * *

O terceiro desejo do ego volta-se para a autoestima. Trata-se do desejo de nos sentirmos bem a nosso próprio respeito e de sermos valorizados pelos outros. Trata-se de um desejo muito perigoso, porque todos temos falhas e defeitos. O que sentimos por nós mesmos está profundamente ligado a nossas expectativas e projetos de felicidade e, nessa medida, é igualmente vulnerável a decepções.

Todo o mundo quer se sentir bem a seu próprio respeito. Mas a autoestima é como a felicidade. Se estiver vinculada a condições, pode ser prejudicada por elas. Se, para termos uma boa autoestima, dependemos da realização de nossos desejos, então qualquer fracasso previsto, imaginado ou ocorrido, fará que nos decepcionemos conosco. A baixa autoestima é o desapontamento consigo mesmo, é a vergonha de si próprio. A autoestima é uma espécie de orgulho. Os tibetanos distinguem o "verdadeiro orgulho" do "falso orgulho", e a "verdadeira vergonha" da "falsa vergonha". O verdadeiro orgulho é a sensação de satisfação que temos com uma realização pessoal ou um talento real. O pianista sente orgulho de um concerto muito bem executado. O falso orgulho é a noção exagerada do próprio valor, sem base em realizações reais; é uma espécie de autovalorização. A verdadeira vergonha é o remorso humilde por ter cometido um ato genuinamente ofensivo ou destrutivo. A falsa vergonha é uma noção exagerada de falta de valor, que resulta do falso orgulho fracassado.

Se o modo pelo qual nos vemos depende da opinião de outras pessoas, então, quando formos ignorados, rejeitados, menosprezados, zombados, agredidos ou intimidados, nos sentiremos desvalorizados. A pessoa que se sente desvalorizada nas mãos dos outros pode se tornar raivosa, agressiva ou violenta. A raiva proporciona um sentimento de poder pessoal que, na realidade, é um pseudopoder, porque é uma reação ao sentimento de negação, pequenez e impotência. Um contundente provérbio da filosofia zen capta a lógica da dialética do ego: "As pessoas que se sentem pequenas cortam as cabeças dos outros para se sentirem maiores." Essa é a lógica fundamental dos terroristas, assassinos e vingadores. É também a lógica por trás de nossas tentativas de desvalorizar os outros, de nos tornar maiores e mais poderosos diminuindo o valor e a eficiência alheios. Todo o mundo quer ser o herói da própria história. Como desejamos que os outros reconheçam e alimentem o nosso narcisismo, somos propensos a sofrer decepções e, depois, encolerizados, partimos para o ataque aos outros e a nós mesmos.

Um casal me consultou porque estava com problemas de relacionamento. Brigavam demais e estavam sempre com raiva um do outro. Em sua última discussão, conforme a esposa me contou, ela pedira ao marido que ele pegasse as crianças na escola às 4 horas, e não às 5. Ele gritou com ela. Perguntei por que ele tinha ficado com raiva e ele disse: "Eu queria poder ajudar, mas não podia. Tínhamos combinado que seria às 5. Eu não podia chegar lá antes. Olha, eu quero ajudar. Quero ser um cara legal. Ela me pediu uma coisa que eu não podia fazer, e eu me senti mal. Ela não deveria ter mudado os planos." Ele estava com raiva da esposa porque ela frustrara o desejo dele de ser "um cara legal".

Se formos honestos, se tivermos qualquer respeito que seja pelos fatos, devemos reconhecer que a ideia que fazemos de nós mesmos é, na realidade, vaga, frágil e inconsistente. O que é o *eu*? Se um biólogo estuda o movimento dos animais, poderá pensar que a noção de eu está relacionada ao movimento. Se ele estuda genética e neurofisiologia, poderá pensar que a noção de eu se encontra no cérebro. Se o pesquisador é um psicólogo cognitivista, pensará que a noção de eu está nos pensamentos. Se ele (ou ela) é um desconstrutivista, poderá dizer que a noção de eu é uma construção linguística, uma ficção reflexiva que integra a linguagem de autorreferência. O eu é um reflexo numa sala de espelhos. Se buscarmos a origem do reflexo, constataremos que ela não existe.

A nossa noção de eu é construída. A tarefa de crescer consiste em construir uma noção e uma apresentação do eu que conduzam à felicidade. Talvez a melhor maneira de descrever o eu seja como uma bricolagem. A bricolagem é uma montagem de pequenos pedaços de coisas diversas reunidos numa configuração. A noção que fazemos de nós mesmos é desse tipo. Ela está parcialmente apoiada em fatos: nosso rosto e nosso corpo, que são únicos, a data de nosso nascimento, nossos antepassados, nossa identidade étnica e nossa profissão, a história de nossa vida, nosso "currículo". Mas há outros aspectos dessa noção que são construções estritamente imaginárias, histórias de nós mesmos, compostas de lembranças, fantasias, imagens idealizadas, identificações com objetos, símbolos e pessoas, juízos, expectativas, esperanças, crenças e falsas percepções.

O sentimento de continuidade pessoal é criado pelas ligações que estabelecemos entre todos esses pedaços. Quando examinamos o que realmente conhecemos de nós mesmos, descobrimos que essas ligações não são estáveis e estáticas, mas flutuantes. Algumas conexões tornam-se fixas e habituais; elementos factuais e imaginários se entrelaçam e formam a ilusão de uma noção coerente do eu. Se essa coerência é contradita ou ameaçada pelos outros ou pelos acontecimentos, nosso desejo de nos sentirmos bem a nosso próprio respeito corre o risco de se frustrar. *A frustração do desejo de construir e preservar uma noção sólida do eu é a origem dos mais fanáticos atos de violência e da raiva cotidiana que todos nós sentimos.*

Apresento a seguir uma história composta de eventos reais relatados por alguns pacientes que atendi em terapia e notícias veiculadas na mídia. Al estava muito feliz com seu novo BMW vermelho. Ele limpava e lustrava o carro, mantinha-o em ordem, com o motor sempre no ponto. Tinha orgulho de possuir um automóvel tão maravilhoso. Sentia-se no topo do mundo quando o dirigia pela cidade, instalado no assento de couro estofado e impecável de seu reluzente carro vermelho. Tinha uma relação de grande intimidade com seu carro. Parecia um caso de amor. O carro fazia que se sentisse uma pessoa importante, de grande valor. A solidez do veículo dava-lhe a sensação de ser, ele próprio, uma pessoa sólida, e a potência do motor, a sensação de ser poderoso. Esse lindo objeto era dele, o que fazia que se sentisse igualmente lindo. O carro realizava seu verdadeiro projeto de felicidade: sentir-se bem e orgulhoso de si mesmo. Em certo sentido, Al tinha "canibalizado" o carro, internalizando suas qualidades como se fossem aspectos de sua identidade pessoal.

Certo dia, num estacionamento, um homem raspou sem querer a lataria do carro de Al. Ele ficou furioso. Era só um arranhão pequeno, mas Al levou a coisa para o lado pessoal. Ficou indignado e sua adrenalina começou a subir. "Por que você não olha para onde está indo, seu maluco?", gritou para o homem que tinha causado o estrago. Este também era um sujeito orgulhoso, que detestava ser tratado de modo tão desrespeitoso. Ele sabia que tinha raspado a pintura do carro de Al, mas tinha sido sem querer. Com crescente vigor em sua própria defesa, o homem respondeu, em tom de raiva: "Foi um acidente! Qual é o problema? Isso nunca aconteceu com você?"

Para Al, aquele arranhado em seu carro era uma agressão à sua noção de eu, um prejuízo ao seu valor pessoal. Para o outro motorista, ser desrespeitado e menosprezado por outro homem ameaçava sua orgulhosa noção de virilidade. Sentia-se um bobalhão por ter sido descuidado, mas não ia aceitar que esfregassem isso na sua cara. A felicidade de cada um dos dois dependia de sua falsa noção de orgulho.

Ficaram um diante do outro como gorilas competindo para ser o macho alfa. Era uma luta pela sobrevivência do eu. Al encarou o motorista, fazendo-o desviar os olhos. "Qual é a sua? Você é cego? Não viu o meu carro? Não consegue dirigir direito, seu imbecil?" O motorista, que tinha um porte físico maior que o de Al, começou a bufar. Ninguém ia chamá-lo de imbecil! "Imbecil é você, meu chapa", ele gritou de volta e, num impulso, empurrou o peito de Al. Al girou e desferiu-lhe um soco. O motorista devolveu o soco, atingindo Al no queixo. Ele caiu. Enfurecido, tirou um canivete do bolso e, com um golpe, enterrou a lâmina no estômago do motorista, que morreu. Al foi condenado à prisão por homicídio culposo. Essa ilustração pode parecer exagerada, mas quantos já não se demitiram de um emprego porque sentiram sua autoimagem ameaçada e, logo em seguida, não puderam mais pagar suas contas? Quantos já não estragaram as férias longamente esperadas porque se sentiram ignorados, contrariados ou magoados por um ente querido que não conseguiu valorizar algum aspecto fundamental de sua autoimagem?

Quando nossos desejos são obstruídos, o indesejado se instala ou nossa noção de eu é desrespeitada, experimentamos frustração. O que é a frustração? *Frustração é o sentimento de um desejo combinado com a percepção de um obstáculo à sua satisfação.* Em termos metafóricos, a energia obstruída do desejo é como a energia reprimida, como o animal engaiolado tentando descobrir um modo de sair. A frustração é vivida como uma tensão, uma pressão, uma força que depara com uma resistência. O grau de frustração varia com a intensidade do desejo e a capacidade da pessoa de aguentar essa sensação. Alguns desejos são extravagantes e temporários. Outros são intensos e obsessivos. Os desejos muito fortes podem ser chamados de "necessidades", mas essa é uma manobra retórica para tentar igualar desejos a necessidades de sobrevivência, como a necessidade de água ou de comida. Ficamos frustrados quando não conseguimos o que queremos, e intensamente perturbados quando não conseguimos o que achamos que "necessitamos".

Muitos fatores influenciam nossa capacidade de tolerar frustrações: o temperamento e outros fatores hereditários, traumas emocionais no início da vida ou de grande força destrutiva, um treinamento específico para tolerar frustrações, a autodisciplina ou a falta dela. O que distingue a pessoa madura e civilizada é a moderação dos desejos, a capacidade de tolerar frustrações e alguma medida de aceitação e contentamento mesmo diante da adversidade. Isso significa aceitar com equanimidade os próprios sucessos e fracassos, as próprias virtudes e deficiências. Em vez de batalhar para elevar nossa autoestima, que não passa de falso orgulho, deveríamos nos lembrar do ensinamento zen: "A pessoa sábia reage da mesma maneira diante do sucesso e do fracasso." Infelizmente, essa sabedoria soa herética em sociedades competitivas como a nossa, em que a autoestima depende do sucesso.

* * *

O sentimento de frustração contém vários elementos sutis. Precisamos ter consciência deles se quisermos transformar a energia da raiva. O mais importante desses elementos é a sensação de impotência ou desamparo. Quando *não* podemos conseguir o que queremos ou evitar o que não queremos, nos sentimos à deriva. Essa é a definição funcional da sensação de impotência. No último momento antes de explodirmos de raiva, experimentamos um acesso momentâneo de impotência, tão rapidamente extinto pela poderosa energia da raiva que a maioria das pessoas nem o percebe. As pessoas odeiam se sentir impotentes. Quando estão com raiva, em geral não reconhecem essa impotência, ou negam que a estejam sentindo. Se, por algum motivo, a raiva é inibida, a pessoa talvez se sinta perdida e chore. É por isso que algumas mulheres, treinadas em seu processo de socialização segundo códigos mais rígidos que os dos homens, para aguentar a sensação de impotência sem agredir ninguém, choram quando estão com raiva. *A sensação de impotência ou desamparo é a percepção da incapacidade de satisfazer nossos desejos: se não há desejo, não há sensação de impotência.*

Retome agora o exercício de pensar num momento passado em que você tenha sentido raiva. Tente identificar a presença dos sentimentos de frustração e impotência. Havia alguma coisa na situação que você achava que não seria capaz de conseguir ou de evitar. Você sentiu que perdeu o controle. Consegue perceber isso? Consegue identificar seu sentimento de impotência e a relação entre ele e a raiva que a situação fez surgir? Um dos fatos mais importantes que devemos ter em mente sobre a raiva é que *a pessoa com raiva está se sentindo impotente*. Para a pessoa que está com raiva, o obstáculo frustrante – não importa se é outra pessoa, uma entidade social ou um evento natural – é mais poderoso que ela.

Quando estamos com raiva, negamos e reprimimos nossa impotência e afirmamos o contrário, que somos fortes. A fúria pode parecer muito poderosa. Vem como uma tempestade, com estrondo, e pode distrair nossa atenção, impedindo-nos de perceber outros sentimentos mais subterrâneos. Mas a raiva é um pseudopoder, porque brota da impotência e é motivada pelo desejo de negar esse sentimento. Para domar a energia da raiva devemos estar dispostos a nos abrir para o que ela oculta. Tente descontrair seus músculos, visite novamente a cena que está recordando nesse exercício de memória e abra espaço para o sentimento de impotência encoberto pela raiva. Isso não é fácil, porque, quando nos sentimos impotentes, geralmente ficamos ansiosos. Apesar disso, tente reunir coragem suficiente para se abrir a esse sentimento.

A impotência associada a um desejo frustrado *específico* tende a se amplificar e a se transformar numa sensação *generalizada* de impotência e vulnerabilidade. Se não conseguimos satisfazer um desejo muito forte, pensamos que isso significa que podemos perder o controle sobre nossa vida a qualquer momento. Se o trem está atrasado e não conseguimos chegar pontualmente a um compromisso importante, tudo pode desmoronar. As sensações de impotência e vulnerabilidade são vividas como uma ameaça imediata à vida e ao bem-estar. A sensação de estar sob ameaça soma-se a uma sensação difusa de vulnerabilidade do organismo – a sensação de que a vida é perigosa, de que somos criaturas impotentes, que não pediram para nascer, que não podem impedir sua morte no final e que são obrigadas a se curvar às vicissitudes e incertezas da existência. Essa sensação de perigo estimula a reação de fuga ou luta, que desencadeia tanto a fisiologia da raiva como a experiência subjetiva dessa emoção.

É importante compreender a biologia da resposta de fuga ou luta para entender plenamente o substrato fisiológico das emoções experimentadas pela pessoa com raiva. Essa resposta é parte integrante do corpo animal e é ativada pela percepção do perigo. Ela prepara o corpo para lutar ou fugir do perigo físico imediato. Quando o corpo do animal detecta uma situação de perigo, o hipotálamo entra em alerta e, por meio de mensagens neuronais e hormonais, ativa o sistema nervoso simpático e as glândulas adrenais, que preparam o corpo para a ação.

Lutar, enfrentando o perigo, ou fugir dele são ações que exigem atividade muscular. O coração bate mais depressa e com mais força, bombeando o sangue, que leva nutrientes para os músculos e retira as toxinas dos tecidos. A pressão sanguínea sobe. A respiração se torna mais acelerada e mais profunda para aumentar o teor de oxigênio no sangue. Aumenta a taxa metabólica. A pele transpira mais para resfriar o corpo que se aqueceu muito. Para conseguir todos esses efeitos, o organismo restringe a circulação sanguínea nos intestinos e demais órgãos internos, aumentando o fluxo de sangue direcionado para os músculos, o coração e os pulmões, os órgãos sensoriais e o cérebro, que se torna o vigia e o centro de comando das defesas do organismo. É por isso que, quando ficamos com raiva, o coração acelera e bate com mais força, respiramos mais profundamente e mais depressa, o corpo se aquece e transpira, nossos músculos se contraem, o rosto fica tenso e ruborizado e a mente se torna alerta e sobressaltada.

A diferença entre a raiva e a agressividade em um ser humano e em um animal está na diferença entre a mente humana e a animal. Os animais são centrados no presente. Os humanos vivem no presente, mas também vivem no tempo histórico, nas esferas mentais do passado e do futuro. Os animais reagem ao perigo imediato com uma reação de luta ou fuga. Usam os músculos para combater o perigo ou para escapar dele. Nós também fazemos isso. A diferença é que nós, humanos, também reagimos à *ideia ou imaginação de um perigo futuro* com a reação de luta ou fuga. O corpo não sabe a diferença. Quando o perigo é futuro ou imaginado, o eixo simpático-adrenal prepara os músculos para agir como se o perigo fosse real e presente. Mas não existe nada do que literalmente fugir ou contra o que lutar. O corpo fica tenso, como um automóvel com o motor ligado e em ponto morto.

Existe muita confusão em torno da diferença entre medo e ansiedade e a respeito da natureza da ansiedade. A meu ver, *o medo é uma resposta a um perigo presente. A ansiedade é uma reação a um perigo futuro, imaginado ou percebido. A fisiologia é a mesma.* A diferença está na mente.

Quando as pessoas experimentam ansiedade exagerada ou pânico, em geral sentem que algo fisicamente catastrófico está acontecendo. Muitas vezes, procuram o pronto-socorro achando que estão tendo um ataque do coração. Nesses casos, também é útil as pessoas estarem cientes da fisiologia da reação de luta ou fuga. Esse conhecimento as ajuda a compreender sua experiência subjetiva, que é um aspecto natural da ansiedade, e não uma emergência médica. Saber disso já contribui para reduzir a sensação de pânico.

Agora estude novamente a figura 1, relembrando seu exercício de memória da raiva. Visualize aquele momento. Pergunte-se de novo: *"O que eu queria e não estava conseguindo? O que estava acontecendo que eu não queria que acontecesse? Como eu me sentia, então, em relação a mim mesmo?"* Você consegue identificar o desejo ou a aversão que desencadeou a sua raiva? Consegue perceber a frustração e a sensação concomitante de impotência ou desamparo? Você se sentiu vulnerável ou teve a sensação de estar correndo algum tipo de perigo? Consegue perceber a ansiedade aumentando? Consegue perceber, no corpo, o calor da reação de luta ou fuga? Consegue perceber como isso inflama a raiva?

A compreensão da dinâmica da raiva, da agressividade e da violência nos possibilita refletir sobre as nossas escolhas. Podemos decidir alimentar a nossa raiva, vê-la incendiar-se e, então, explodir. Sabemos que é uma questão de livre-arbítrio porque podemos escolher não seguir por esse caminho. Os próximos capítulos nos dirão como cultivar essa escolha.

7. Passo quatro: Reflexão

Dedique algum tempo a refletir sobre a dinâmica da raiva que o capítulo anterior apresentou. Não aceite simplesmente minha palavra a respeito do que quer que seja. Compare tudo com a sua experiência pessoal. O conhecimento genuíno é empírico, baseia-se na experiência, na observação e na reflexão, e não na palavra dos outros, por mais qualificados que sejam. A visão que apresento aqui é somente um mapa. Devemos percorrer o território da raiva e conhecê-la por nós mesmos. Só podemos transformar a energia da raiva se a compreendermos *autenticamente*, com base em nossas experiências e reflexões pessoais.

Um amigo pediu ao Mulá Nasrudin que ele lhe emprestasse o burro. "O burro não está aqui", afirmou enfaticamente Nasrudin. Nesse momento, o burro zurrou do outro lado da janela. "Pensei ter ouvido você dizer que o burro não está aqui", o amigo contestou, visivelmente irritado. Nasrudin respondeu: "Em quem você vai acreditar: em mim ou no burro?" Acredite sempre no burro.

Ao compreender a raiva, lançamos luz nos cantos mais escuros de nosso ser. A raiva está enraizada em nossas mais profundas motivações: no desejo de viver, prosperar e ser feliz, e na aversão à infelicidade, ao sofrimento e à morte. Quando enfrentamos a raiva com honestidade, revelamo-nos a nós mesmos. Se formos sinceros, tomaremos consciência de nossos temores e esperanças mais profundos, escondidos e poderosos. Enxergaremos todo o nosso egoísmo e as técnicas que usamos para nos construir, preservar e desenvolver. Podemos ficar desiludidos.

Os contos de fada que contamos para nós mesmos podem começar a ruir. Podemos ficar receosos e nos sentir tentados a fugir de volta para a escuridão.

"A perseverança é favorável", adverte o *I Ching*. Seus esforços para trabalhar a raiva podem transformá-lo. Todo defeito tem uma virtude correspondente, na qual ele pode ser transformado. Nesse sentido, nossos defeitos são promissores. Têm valor. A raiva tem valor. A dor da vida tem valor. Buda alcançou a iluminação examinando sua dor. Por que tentaríamos melhorar nossa vida e nós mesmos se estivéssemos satisfeitos conosco e com a vida que temos agora, e se acreditássemos que tudo ficará bem no futuro? Ouvi alguns lamas tibetanos comparando o sofrimento ao esterco. O esterco fede. Ninguém quer um monte de esterco na sua sala. Mas o agricultor recolhe esse material e o espalha pela terra. O esterco faz a plantação crescer. A dor é um fertilizante, um catalisador. A dor é a motivação para as mudanças. A dor da raiva e o desejo de aliviar a dor, tanto a própria como a dos outros, são fertilizantes que fazem desabrochar a clareza e a paciência.

A palavra "paciência", como já observamos, tem raízes no termo grego *pathos*, que significa "sofrimento". *Paciência é o sofrimento sem raiva ou agressividade*. É resistir com calma e disposição. Sentir-se impotente é uma forma de sofrimento. Ser paciente significa aceitar o desamparo e o sofrimento que não se podem evitar. Ter clareza significa compreender que esses sentimentos emanam de seus desejos e aversões, de seus projetos de felicidade. Jó é o paradigma da paciência. Deus fez que sofresse, mas ele não ficou com raiva de Deus. Jó perguntou a Deus: "Por que você me fez sofrer tanto?" Deus respondeu: "Quem é você para me questionar? Onde é que você estava enquanto eu criava o mundo?" Jó, então, abre-se para seu sofrimento com humildade e paciência. Quando nos abrimos para nosso sentimento de impotência estamos abertos também para a realidade de nossa vulnerabilidade como criaturas. Todos os seres sofrem. Quando nos abrimos para essa realidade, temos a oportunidade de relaxar, de aguentar o que quer que venha pela frente e de desfrutar o que for possível.

* * *

Se você refletir sobre isso, verá que todos os sete passos estão presentes em cada um deles individualmente. Quando se tornar mais consciente de sua raiva e examiná-la de perto, compreenderá melhor a energia e a dinâmica desse sentimento. Quando chegar a compreender a raiva como um processo interno, mental, você se tornará mais capaz de acolhê-la, como faria com uma pessoa que está começando a conhecer melhor. Ao receber a raiva amistosamente, terá mais vontade de se aproximar dela, de reconhecê-la como sua, e, então, poderá domá-la.

Aos poucos, você se tornará capaz de reconhecer sua raiva e de refletir sobre ela no momento em que ela surgir. Para o principiante isso não é nada fácil. Você precisa desenvolver paciência e a disciplina de reter essa energia sem reprimi-la nem descarregá-la com agressividade. O calor da raiva pode comprometer sua capacidade de refletir e analisar logicamente as situações. No começo, o melhor que podemos fazer é refletir sobre a raiva depois que ela tiver se abrandado. Quando comecei a trabalhar minha raiva, anos atrás, reparei que me deixava arrastar completamente por ela, e que, às vezes, passavam-se dias antes que eu conseguisse pensar com clareza a respeito do que tinha acontecido. Em minhas reflexões sobre cada incidente, eu podia discernir um padrão, que se tornou cada vez mais claro e mais fácil de perceber. Em vez de dias, comecei a levar apenas algumas horas para enxergar a minha parte na construção desse padrão. As horas se tornaram minutos e, agora, na maioria das vezes, consigo ver a raiva em seus primórdios e "surfar" com elegância sobre essa onda, sem que ela me derrube. Não se deixe desanimar facilmente. A raiva está tão emaranhada em nossa mente que desaprendê-la é como tentar tirar um lenço de seda de um espinheiro.

Depois que a raiva abrandar, não a descarte. Reflita sobre ela. Visualize a situação e faça a si mesmo as três perguntas fundamentais: "O que eu queria e não consegui?", "O que eu consegui e não queria?" e "Eu senti que estava sendo negado de algum modo?" Faça isso tanto depois de uma irritação trivial, ou um bate-boca rápido, como após uma grande explosão. Continue refletindo, e sua experiência pessoal e autêntica contribuirá para que a energia da raiva se torne mais clara para você.

Para transformar a energia da raiva, você precisa ser capaz de identificar os desejos e aversões específicos que a insuflam. Como dissemos, às vezes eles são óbvios, mas também podem ser enigmáticos ou permanecer ocultos. A frustração de desejos relativos aos nossos sentidos é, em geral, evidente. Mas a raiva que sentimos de algo que parece trivial (como o cachorro que deixa marcas de terra no tapete) pode ser um deslocamento da raiva de algo mais importante e que não queremos admitir, nem para nós mesmos nem para os outros. ("Sempre sou eu quem limpa o chão. Todas as vezes. Eu me sinto depreciada e rejeitada por minha família, mas estou com muita raiva e muito medo de dizer isso. Então, fico louca de raiva com o cachorro.")

Joanne veio me consultar por causa de sua ansiedade e depressão. Há anos consultava um psiquiatra atrás do outro e já tinha sido diagnosticada como bipolar. Usava medicação pesada. Nunca tinha feito psicoterapia. Os medicamentos não estavam funcionando. Passava por períodos de depressão intercalados por acessos de ansiedade que algumas vezes beiravam o pânico. Costumava se sentir irritada com o marido e os filhos e achava que essa raiva, muitas vezes, não tinha razão de ser. Pensava que talvez fosse o caso de um ajuste na medicação. Eu lhe disse que pensaria a respeito depois que a conhecesse melhor.

Joanne tinha 38 anos de idade e nascera no Alabama. Seu pai era professor de Literatura na universidade local. Sua mãe era dona de casa e, parte do tempo, lecionava piano. A irmã era professora primária, casada e tinha três filhos. Fora criada numa família feliz, culturalmente rica. Fora boa aluna e tinha estudado pintura, que adorava. No primeiro ano de faculdade, tinha se apaixonado por um colega de classe, com quem viveu um romance. No verão, após o período letivo, ele viajou pela Europa com um amigo. Ao voltar, no semestre de outono, mostrou-se frio em relação a ela. Continuaram o romance, mas ele foi ficando cada vez mais distante e, depois de algum tempo, teve um caso com outra colega da classe. Joanne ficou arrasada. Ficou deprimida, consultou um psiquiatra e este lhe receitou um antidepressivo.

Após um período de "luto", ela interrompeu a medicação e retomou a vida social. Era inteligente, culta, interessante e linda, e não tinha a menor dificuldade para atrair os homens. Saía com frequência e era sexualmente ativa, mas não se ligou a mais ninguém. Concentrou sua atenção na vida acadêmica e em sua atividade artística e saiu-se bem. Depois de formada, mudou-se para Atlanta e começou a trabalhar numa editora. Tinha uma vida social ativa em Atlanta e, numa festa de Natal, conheceu um advogado que se apaixonou por ela à primeira vista e a cortejou de maneira encantadora. Ele era atraente, inteligente e bem-sucedido, e sua presença sempre se impunha. Ela se apaixonou por ele. Quando Jim aceitou um cargo na Faculdade de Direito de Cornell, pediu Joanne em casamento, e ela concordou.

O primeiro ano do novo casal foi idílico. Estavam profundamente apaixonados, eram compatíveis emocional, intelectual e sexualmente, e estavam adorando a nova vida. Joanne tinha tempo para pensar numa carreira e procurar o emprego certo. Tinha tempo para pintar. Adorava Ithaca, onde há muitas pessoas criativas e onde ela criou um círculo de amigos com quem se encontrava constantemente. Em um ano, Joanne estava grávida e, no inverno seguinte, deu à luz uma menina. Depois da chegada do bebê, sua vida mudou. Ela se dedicava à filha, Marissa, e adorava cuidar dela. Seu marido, porém, que não era propenso a cuidar de crianças nem a se incumbir de afazeres domésticos, sentiu-se abandonado. Depois do parto, a vida sexual do casal sofrera uma interrupção. Aos poucos, Jim foi ficando cada vez até mais tarde no trabalho e cada vez mais distante. Seis meses após o nascimento de Marissa, uma amiga contou a Joanne que seu marido estava tendo um caso.

Joanne enfrentou Jim com raiva. Ele prometeu terminar o caso, mas adiou a decisão por meses. Joanne ficou deprimida, consultou um psiquiatra e, novamente, sem ter tido a oportunidade de falar de sua dor e suas escolhas, começou a tomar antidepressivos. Depois que Jim terminou o romance, o casamento, aos poucos, se estabilizou, mas com reservas e frieza, sobre um lastro de ressentimentos. Quando Marissa estava com 3 anos de idade e passava vários dias por semana no jardim de infância, Joanne conheceu um homem, em um almoço com amigos, e começou um romance com ele. Depois de vários meses, ela se abriu com Jim. Ele ficou com raiva, mas perdoou Joanne, já que ele havia feito a mesma coisa no passado. Decidiram renovar seu compromisso tendo mais um filho e, depois, mais outro.

Quando Joanne veio me procurar, Marissa estava com 14 anos, o filho tinha 10, e a menina mais nova, 8 anos. Ela adorava os filhos e passava bastante tempo com eles, mas se queixava de que sua vida estava inteiramente tomada pelos cuidados dedicados aos filhos e à casa, o que ela detestava. Não tinha mais tempo para pintar ou para fazer exercícios e tinha pouco tempo para estar com os amigos. Jim tinha uma carreira bem-sucedida e, ao voltar do trabalho, gostava de encontrar a casa arrumada e um bom jantar à mesa; ele também tinha expectativas sexuais. Ela me confessou que ainda sentia raiva de Jim por ele ter tido aquele caso. E sentia ainda mais raiva dele porque ele a proibira de ir à cidade sozinha, temendo que ela se envolvesse novamente com outro homem. Ela se sentia consumida por ele e detestava as exigências sexuais que ele lhe fazia. Sentia-se negada como pessoa pela presença dominadora e o ar autoritário do marido.

Em nossas sessões, dirigi a conversa para a raiva de Joanne. Ela se sentia irritada quase o tempo todo com Jim e, às vezes, com as crianças, o que lhe trazia um sentimento de culpa. Não estava segura de que tinha direito a sentir raiva do marido. Exceto por aquele romance, ele era um homem bom, eles tinham uma condição financeira confortável, uma casa encantadora e, a julgar por todos os sinais visíveis, formavam uma família feliz. Mas Joanne se sentia muito infeliz.

Eu lhe perguntei o que a deixaria feliz. O que ela queria? O que não queria? Refletir sobre essas perguntas ajuda a transformar a raiva em clareza, levando o processo de exame de si mesmo ao nível de uma relação com a totalidade da vida. Sua resposta imediata, dita quase rispidamente, foi de que não estava certa de que queria continuar casada com Jim. Tinha pensado em ter outro romance. No decorrer de algumas das sessões seguintes, incentivei-a a pensar sobre suas escolhas. O divórcio era uma possibilidade. Ter um caso era outra. Trabalhar por seu casamento também era uma opção. Quando parou para refletir sobre isso, sobre os horrores do divórcio e de criar os filhos sozinha, sobre todas as mudanças que a separação provocaria, ela se deu conta de que ficaria ainda mais ocupada e teria ainda menos tempo para si. Quando pensou sobre a possibilidade de ter outro caso, achou que, se fizesse isso, Jim também o faria, e, então, terminariam se divorciando do mesmo jeito. Por mais infeliz que estivesse com a própria vida, decidiu continuar com ela e se esforçar para melhorá-la.

Ao refletir sobre sua raiva, percebeu que havia alguns fatos em sua vida que ela não poderia mudar, e outros que ela não queria mudar. Não podia mudar o passado. Não podia anular os casos que ambos tiveram. Estava se aproximando da meia-idade. Era casada. Tinha três filhos, a quem adorava, e precisava cuidar de suas vidas e seu lar. Não podia fazer que Jim se transformasse em outra pessoa. Ela o amava, mas estava com raiva e se sentia desconfortável com ele.

Constatou também que, além disso, ela tinha escolhas. Depois de rejeitar a opção do divórcio, a escolha óbvia, então, consistia em trabalhar com Jim, falar honestamente com ele sobre seus sentimentos, expor-lhe as suas vontades e desejos e perguntar o que ela poderia fazer por ele. Durante o mês seguinte, ela e Jim conversaram várias vezes sobre seu relacionamento e sua vida. Para alívio de Joanne, o marido se mostrou muito receptivo. Reafirmou o amor que sentia por ela, assim como seu compromisso com o casamento. Ambos concordaram que ter casos extraconjugais não era uma opção construtiva. Ela falou abertamente com ele sobre suas diferenças sexuais. O desinteresse dela por sexo era, em parte, causado por seu ressentimento, que a afastava do marido, e, em parte, efeito dos antidepressivos que ela tomava. Ele gostava muito de sexo e sentia-se muito atraído por ela e muito frustrado.

Para enfrentar suas dificuldades sexuais era preciso que ambos refletissem sobre o princípio do equilíbrio: neste caso, para alcançar o equilíbrio entre o que cada um poderia ter e dar, entre seus interesses individuais e a compaixão de um com o outro. Quando pensou sobre sua situação, Joanne percebeu que tinha o direito de se recusar a fazer sexo, mas Jim tinha o direito de querer, e que se ambos continuassem insistindo em seus direitos, eles se tornariam cada vez mais incompatíveis. Para que o casamento pudesse sobreviver, cada um precisaria abrir mão de alguma coisa pelo bem do outro. Felizmente, Jim era compreensivo e concordou em moderar suas exigências sexuais e respeitar os sentimentos dela. Ela retribuiu decidindo se interessar mais por sexo, de que, aliás, sempre gostara. Percebeu que, embora não se sentisse instantaneamente excitada todas as vezes que ele a acariciava, conseguia se abrir para a experiência e gostar dela. Para facilitar o processo, cautelosa e gradualmente fomos reduzindo a dose dos antidepressivos.

À medida que Joanne e Jim empenhavam-se para melhorar seu relacionamento, a raiva e a irritabilidade dela diminuíram e ela passou a valorizar mais os esforços e a dedicação dele. Apesar dessa melhora, Joanne continuou a ter acessos de ansiedade e irritabilidade generalizada. Pedi-lhe que examinasse novamente sua raiva. O que ela queria e o que não queria? Quando refletimos sobre isso, Joanne reiterou que ainda se sentia prisioneira e sufocada pelo trabalho doméstico e pela vida de mãe. Não tinha tempo para pintar nem para ver os amigos e quase não conseguia fazer ioga e ginástica, atividades que ela adorava. Quando analisamos a situação ainda mais profundamente, tornou-se evidente que Joanne tinha dois desejos contraditórios. Por um lado, havia aceitado o fato de que era casada. Adorava os filhos e queria cuidar deles. Por outro, sentia-se sufocada por suas obrigações. Queria ser livre, ter sua própria vida, cultivar os seus interesses particulares. Nenhum desses desejos poderia ser completamente satisfeito, o que a frustrava, e sua frustração fazia que se sentisse impotente, ansiosa e irritadiça.

Quando refletiu sobre sua raiva e seus desejos contraditórios, Joanne conseguiu se enxergar, enxergar a própria vida e suas tribulações de uma perspectiva mais ampla. Não poderia ter tudo o que queria. Se ela desejava cuidar dos filhos e viver numa casa organizada, não poderia, ao mesmo tempo, ficar livre da vida de mãe de família. Até então, ressentia-se dessas obrigações e sentia-se culpada sempre que tirava algum tempo para cuidar de si mesma. Ficava ansiosa quando abandonava seus deveres para com os filhos, zangada quando estava cumprindo suas obrigações, e deprimida porque tinha perdido a esperança de, algum dia, encontrar uma solução feliz para esse dilema.

Sugeri que, uma vez que tinha decidido não abandonar os filhos nem a casa, assumisse a responsabilidade por essa escolha e a encarasse mais como uma dança do que como um fardo. Também conversamos sobre maneiras práticas de economizar tempo para fazer o que tanto gostava. Havia um quarto na casa onde ela poderia pintar, mas ela tinha ficado tão perdida na raiva e nos acessos de autopiedade que ainda não o preparara adequadamente para a atividade. Com um pouco de esforço, ela poderia começar a pintar e trabalhar ali em seu tempo livre. Concordou que teria mais tempo para si mesma se conseguisse organizar melhor sua vida e tivesse uma pequena ajuda do marido.

Assim que entendeu sua raiva e refletiu sobre sua existência, Joanne tornou-se mais capaz de aceitar os fatos de sua vida, as circunstâncias que ela não poderia mudar ou aquelas cuja mudança não lhe interessava. Tornou-se também mais capaz de fazer escolhas que pudessem trazer-lhe mais equilíbrio. Seus sentimentos de ansiedade, raiva e depressão cederam, embora ela fosse uma pessoa emocionalmente expressiva e continuasse experimentando uma ampla gama de sentimentos, que, porém, conseguia administrar. Quando começou a refletir, Joanne conseguiu ver sua vida inteira de uma perspectiva temporal. Tornou-se capaz de enxergar as continuidades e as mudanças ao longo dos sucessivos estágios de sua existência. Pôde ver como as escolhas que fizera no passado tinham tido consequências imprevistas e surpreendentes, que constituíam a realidade inescapável de sua vida no presente. Percebeu que poderia aprender a trabalhar com as limitações e oportunidades representadas por essa realidade. Ela podia escolher uma atitude positiva no seu leque de opções, em vez de lamentar o que não poderia mais ter nem ser.

* * *

Reflita sobre o seu experimento com lembranças de momentos de raiva. Depois de identificar os desejos que alimentaram sua raiva e de pensar sobre eles, tente localizar a obstrução à satisfação deles. O que impediu você de conseguir o que queria ou de evitar o que não queria? Esses obstáculos podem ser tanto internos como externos. Talvez houvesse um candidato mais qualificado para o emprego que você queria e lhe recusaram. Ou você pode tê-lo perdido por causa de sua própria ambivalência em aceitá-lo. Talvez você enfrente um obstáculo insuperável, ou talvez esteja esperando demais.

Você consegue pensar em algum outro modo pelo qual poderia ter lidado com essa situação? Será que dizendo ou fazendo algo diferente você poderia ter conseguido o que queria? Ou ter evitado o que não queria? Às vezes, nós mesmos nos prejudicamos. Tente imaginar o ponto de vista da outra pessoa. Reflita sobre como essa situação se encaixava ou não em seu projeto de felicidade.

Volte sua atenção para a avalanche de sentimentos associados com a frustração. Agora, vá devagar. Primeiro, identifique o sentimento de impotência. Não se apresse. Aprenda a ficar com ele. Por mais paradoxal que pareça, aprender a manter o sentimento de impotência fortalece a pessoa. Talvez você não tenha poder sobre situações externas, mas certamente tem poder sobre si mesmo.

Você consegue perceber como a impotência se generalizou e se transformou em vulnerabilidade? Reflita sobre o fato de que seu poder de controlar a própria vida é limitado. Ninguém pode controlar o curso da história, da economia ou as outras pessoas. A maioria mal consegue se controlar. Você consegue aceitar o fato de que pode não conseguir tudo o que quer nem evitar tudo o que não gosta ou teme? Verifique por si próprio como a sensação de vulnerabilidade o deixa ansioso. Podemos prever ou imaginar problemas como se eles estivessem acontecendo agora. "E se eu não conseguir me aposentar?" "E se eu perder o emprego?" "E se meu filho que está doente morrer?" O corpo não sabe distinguir entre perigos reais e imaginários e reage a ambos com o reflexo de luta ou fuga. Quando não conseguimos aguentar a energia de desejo e nossa impotência, a energia da reação de luta ou fuga incendeia nossa raiva e agressividade.

A reflexão sobre a nossa raiva expõe os mais profundos segredos de nossos corações e mentes. Lembre-se do conjunto. Você está presenciando o acionamento de uma poderosa resposta biológica à sensação de vulnerabilidade experimentada por uma criatura viva. A energia da raiva é a energia do desejo, que é a energia da vida. A frustração é a sensação de que há um obstáculo ao fluxo da força vital. Os sentimentos de impotência e vulnerabilidade são experimentados como uma ameaça à vida e à integridade do ser. A ansiedade é o sentimento de uma ameaça futura ao eu e seus projetos de felicidade. A raiva é uma resposta biológica natural à percepção de um perigo.

A reflexão sobre nossa raiva nos leva diretamente aos desejos e aversões que cultivamos e aos quais nos apegamos, mas dos quais, em geral, temos apenas uma vaga impressão e pelos quais demonstramos muito pouca disposição de nos responsabilizar. Mas refletir ajuda-nos a compreender o que sentimos. Fica mais fácil aturar as frustrações quando aceitamos o sentimento de vulnerabilidade. A probabilidade de a ansiedade diminuir é maior quando nos damos conta de que o perigo futuro é inevitável ou administrável. Nosso comprometimento em trabalhar a raiva se torna mais forte quando percebemos as consequências destrutivas desse sentimento. A ironia redentora da raiva é que, mesmo quando não há nada a fazer para que as coisas aconteçam como queremos, ainda podemos escolher entre resistir a esse fato ou aceitá-lo. Há coisas que escapam ao âmbito de nosso livre-arbítrio. Mas podemos escolher como reagir à limitação de nossas escolhas. Podemos escolher entre combater o sentimento de impotência ou relaxar e aceitá-lo em nós.

Quando refletimos e lembramos que somos tanto indivíduos como representantes de uma espécie, podemos desenvolver a bondade e a compaixão por nós mesmos. Somos pobres seres humanos confusos, tentando encontrar nosso caminho. Ao mesmo tempo, podemos entender melhor a raiva, a agressividade e a violência dos outros. Eles também são humanos. Estamos todos em busca da felicidade, tentando conseguir o que queremos, evitar o que não queremos e manter o autorrespeito. Compreender a raiva, a agressividade e a violência não significa desculpá-las ou ignorar seus amargos frutos. Em vez disso, a compreensão nos ajuda a superar nosso ódio e desejo de vingança, que somente produzem mais caos. Para podermos renunciar à violência e negociar nossos conflitos, devemos estar dispostos também a renunciar a alguns de nossos desejos e a aceitar algumas coisas que preferíamos evitar. O fruto da reflexão é a compaixão, por nós mesmos e pelos outros.

8. Passo cinco: Decisão

DEPOIS DE TER REFLETIDO sobre a dinâmica da raiva, da agressividade e da violência e comparado essas emoções com suas experiências pessoais, está na hora de firmar um compromisso, de fazer uma avaliação e de tomar uma decisão. Inicialmente, enquanto estamos nos acostumando com este passo, consideremos essas ações uma a uma. Depois, iremos aplicá-las todas juntas no momento exato em que surgir a raiva.

O compromisso é a intenção renovada de assumir responsabilidade por sua raiva, em vez de culpar os outros, e de experimentá-la plenamente, em vez de reprimi-la ou manifestá-la de modo descontrolado e destrutivo. O compromisso deve ser ativamente renovado sempre que você sentir raiva. Se você não renová-lo com regularidade, provavelmente retomará a tendência a culpar os outros e a explodir quando sentir raiva. Não é um compromisso fácil. Exige que você fique atento, estabeleça claramente sua intenção e pratique o autocontrole. É uma questão de autodisciplina.

A avaliação consiste num exame da situação para ver se existe algum modo de você conseguir o que quer, evitar o que não quer ou amenizar o sofrimento de seu ego ferido. Não há nada de errado em se sentir bem consigo mesmo se isso não prejudicar ninguém. O propósito da vida é desfrutá-la. A regra ética básica estabelece: "Não cause danos" – a si próprio ou aos outros. A questão é: "Você consegue ter o que quer e evitar o que não quer, ou aceitar alguma forma de conciliação, sem causar danos a si mesmo ou aos outros?"

As respostas exigem tanto uma avaliação prática (eu posso?) como uma avaliação moral (eu devo?). A avaliação prática volta-se para a seguinte questão: "Você consegue encontrar uma maneira de contornar, superar ou atravessar os obstáculos que estão frustrando seus desejos?" Isso pode ser viável ou não. Ao avaliar a situação, mantenha a mente aberta para a possibilidade de não conseguir o que quer; na realidade, você pode até conseguir o que não quer. Esse pensamento pode ajudar a manter sob controle a energia exigente dos desejos enquanto você avalia as opções práticas. Mantenha uma atitude otimista. Mas não confie na esperança ou na expectativa de que seus desejos serão atendidos apenas porque você está otimista. Mantenha-se otimista, porém não tome o otimismo como um barômetro. Permaneça presente e alerta ao se relacionar abertamente com a situação. Tenha em mente que a superação dos obstáculos pode ser um processo difícil e doloroso e poderá exigir tempo e esforço. Talvez exija também muita paciência, perseverança, flexibilidade, imaginação e abertura para aquilo que você não consegue controlar.

Às vezes, é preciso fazer uma escolha no calor do momento. Por exemplo, se um garçom, sem querer, derruba sopa no seu terno, você tem diversas opções. Pode ficar com raiva e agredi-lo, e ser processado por lesão corporal. Pode sair como um tufão do restaurante e se lamentar por uma semana pela noite arruinada, queixando-se do descuido dos outros. Pode ainda adotar uma atitude teatral e aparentemente mais elevada, desculpando elegantemente o autor do acidente, desde que o restaurante pague a lavanderia e esqueça a conta da refeição. Esta última alternativa pode satisfazer seu senso de justiça e fazer você se sentir um sujeito equilibrado, mas firme.

Você também pode apenas desculpar o garçom e arcar pessoalmente com o prejuízo. Foi um acidente. Ele não tinha a intenção de derrubar a sopa em você. Sem dúvida, por trás das sinceras desculpas que lhe apresenta, ele está sentindo muita culpa e preocupação. Ficará contente se você o perdoar. E talvez pense que você é uma pessoa generosa e sensacional. Por outro lado, você vai ter de pagar a lavanderia e a refeição. Talvez tenha de abrir mão de seu desejo de justiça. Pode ser que tenha de abrir mão do orgulho, e até da dignidade, pois terá de terminar a refeição com a roupa molhada. De qualquer maneira, a recapitulação de todas essas opções fundamentalmente egoístas pode desencadear seu senso de humor e de proporção. E você pode resolver encarar toda a situação com o máximo de leveza possível, como um acidente engraçado que, na realidade, não tem a menor importância. E passar uma noite perfeitamente agradável, apesar de ligeiramente úmida.

Qual dessas opções você escolheria? Talvez você ainda não tenha percebido que a raiva é uma questão de opção, porque até agora pode não ter ponderado nem considerado razoável essa possibilidade. Mas, agora que sabe que há escolhas, não pode se furtar ao fato de que a raiva é apenas uma delas, porém há outras. O filósofo grego Epicteto aconselha: "Antes de mais nada, decida que espécie de pessoa você quer ser. Quando isso estiver resolvido, aja de acordo com a sua decisão em tudo o que você fizer."

A avaliação prática determinará que opções você tem e que estratégias pode colocar em ação. A avaliação moral determinará que tipo de pessoa você é e que tipo de pessoa quer ser. Você é pessoalmente responsável por sua raiva. O modo como reage à raiva não só manifesta o seu caráter como também o determina.

* * *

Há muita confusão em torno das definições de caráter e personalidade e das diferenças entre os dois. "Personalidade" é tudo o que uma pessoa revela sobre si mesma por meio de palavras, expressões emocionais e atos. Dizemos que alguém tem uma personalidade esfuziante quando se trata de uma pessoa divertida, que conta casos engraçados, é otimista, sempre ostenta um sorriso irresistível e tem grande senso de humor. Dizemos que alguém tem uma personalidade sombria se essa pessoa é emocionalmente intensa, negativa e deprimida, ou se ela cultiva uma atitude cínica em relação à vida.

O caráter é o aspecto moral da personalidade. É uma medida de como a pessoa lida com seus desejos, aversões e interesses particulares. Dizemos que a pessoa tem caráter se ela aguenta com elegância, equanimidade, bom humor e paciência os contratempos e agruras da vida. Como já dissemos, a paciência é o sofrimento livre da agressividade. Isso significa suportar a frustração de não ter o que você quer sem sentir raiva. Significa tolerar graciosamente o que você não quer ou não gosta sem sentir raiva. Significa desenvolver humildade e autocontrole, com flexibilidade e senso de proporção, em vez de uma autoindulgência egoísta. Essas são medidas de caráter. Uma pessoa pode ter personalidade fascinante, mas caráter ruim, e vice-versa.

Essa concepção sugere um espectro de tipos de caráter com dois extremos e um meio-termo. Num dos extremos estão as pessoas que cedem aos próprios desejos e aversões impulsivamente, com pouca ou nenhuma atenção às consequências. Seu egoísmo é em geral ultrajante e cria problemas para elas e para os outros. Dada a tendência à medicalização dos problemas de ordem moral, essas pessoas são, muitas vezes, "diagnosticadas" como doentes mentais por meio de rótulos como "psicopatas", "sociopatas" e portadoras de "personalidade antissocial", "personalidade limítrofe" e, cada vez mais, atualmente, como portadoras de "transtorno bipolar". A ideia de que seu comportamento é um problema moral não é normalmente levada em consideração.

No outro extremo estão as pessoas que renunciam a seus desejos, que se abrem para a dor ou, até mesmo, a chamam para si, e que negam a si próprias ou se submetem. O monge ascético e sereno pode renunciar sinceramente ao mundo, acreditando que o faz para o benefício de todos os seres e para a sua própria salvação. Muitos ascetas têm dificuldade de renunciar ao desejo egoísta de pensar em si mesmos como pessoas boas e de querer que os outros também tenham essa opinião a seu respeito. Há pessoas que se beneficiam dos próprios sacrifícios, servindo ostensivamente aos outros antes de si, em geral com evidentes manifestações de padecimento, que provocam gratidão e até mesmo culpa nos beneficiados. O mártir suicida que renuncia à vida supostamente faz isso a serviço dos outros, mas cultiva a expectativa da imortalidade e de receber elogios no plano divino. Os que renunciam aos seus desejos são frequentemente admirados, ao passo que aqueles que os satisfazem são em geral condenados.

A maioria das pessoas vive no meio-termo, satisfazendo-se quando pode e renunciando quando é preciso, constantemente diante de decisões morais sobre o que fazer e como. A maioria das nossas decisões é fácil e não pensamos que elas podem ter teor moral. Apesar disso, em algum grau, qualificamos as nossas escolhas como boas, mesmo que seja decidir entre tomar café ou chá. Algumas escolhas são triviais e sem nenhuma consequência. Outras são carregadas de significado e consequências, e se tornam questões e prescrições morais. Nesses casos, está claro que o livre-arbítrio é a essência da moralidade.

As questões da ética, da moral e do caráter aparecem quando nossas escolhas são obstruídas ou julgadas pelos outros, ou quando afetam outras pessoas. E se você só puder conseguir o que quer por meio de intimidação, manipulação, logro ou outros recursos imorais ou ilegais? É possível que assim consiga o que quer. Mas terá prejudicado alguém, e essa pessoa poderá tentar se vingar. Um ladrão pode sentir a momentânea satisfação de ter feito um roubo bem-sucedido, mas o mais provável é que acabe indo parar na cadeia. Mesmo que nunca seja apanhado, estará sempre olhando para trás. Se usamos nossos amigos para fins estritamente egoístas, se manipulamos ou coagimos os outros para que atendam às nossas vontades, se sempre pensamos primeiro no nosso próprio umbigo e ficamos com raiva quando prevalece a vontade de outrem, estamos facilitando a aparição de muitos problemas e de infelicidade em nossa vida. O imperativo do "eu" é satisfazer a si próprio. O imperativo da ética social é satisfazer aos outros. Escolher entre esses dois extremos é o que significa ser um animal moral!

A sociedade impõe limitações legais, morais e convencionais à satisfação de nossos desejos. O fato de sermos animais sociais e de precisarmos viver em harmonia com os outros limita as nossas opções e ações. Isso provoca frustrações em todos nós, pois não podemos ter tudo o que queremos e precisamos tolerar algumas coisas que não queremos; e também provoca culpa, uma vez que continuamos cultivando nossos mais proibidos desejos e aversões. Quando, como em geral acontece, não conseguimos encontrar um modo moral ou legal de atender satisfatoriamente aos nossos desejos mais insistentes e poderosos, quando sentimos que não há mais nada que possamos dizer ou fazer para minimizar nossa dor e humilhação, estamos vulneráveis aos sentimentos de frustração, impotência, ansiedade, raiva e depressão.

* * *

Depois de renovar seu compromisso de trabalhar a raiva e de avaliar os meios práticos e morais de satisfazer seus desejos, o passo seguinte consiste em tomar uma decisão. É importante lembrar que *solucionar a raiva exige que se tome uma decisão consciente*. A energia da raiva é a energia de um desejo frustrado. Se você não conseguir encontrar um modo de satisfazer um desejo forte e não reconhecer e aceitar que esse desejo não pode ser satisfeito, sua raiva aumentará e se tornará mais urgente. *Tomar uma decisão esvazia a energia da raiva*.

Quando avaliamos as opções disponíveis para a superação dos obstáculos à satisfação de nossos desejos, precisamos pensar em respostas criativas e reunir coragem para agir com base nelas. Não me refiro aqui à coragem caricata dos machões, ao amedrontamento ou à intimidação pelo constrangimento, que são as opções do covarde, motivadas pelo medo e pelo orgulho. Estou me referindo à coragem espiritual. Talvez a escolha mais passível de sucesso exija paciência, diplomacia, um humilde pedido de desculpas ou uma derrota temporária. Aceitar a derrota requer muita coragem, mas, se você tiver evitado as consequências negativas de sua raiva, isso pode se transformar em vitória. Às vezes, a melhor escolha é não fazer nada e tolerar a dor.

Sandra tinha 53 anos e veio me procurar porque estava deprimida. Havia cinco anos o médico de sua família lhe dissera que ela sofria de depressão clínica causada por um desequilíbrio bioquímico. Sem fazer nenhum outro exame de sua vida ou de seus sentimentos, receitara-lhe Prozac. Depois de seis meses, como ela não melhorava, o médico trocou a medicação para Praxil, em seguida, para Zoloft, e, depois, para Celexa, sempre sem sucesso. Sandra tinha se mudado para Ithaca havia pouco tempo e precisava que um psiquiatra lhe desse as receitas e regulasse a medicação.

Como digo a todos os meus pacientes, expliquei para Sandra que, antes de prescrever um medicamento, eu queria saber mais sobre ela. Pedi que me falasse de si: "Faça uma autobiografia resumida para mim." Ela tinha nascido numa pequena cidade perto de Buffalo, no estado de Nova York, numa família de cristãos fundamentalistas. Seu pai era pastor aposentado. A mãe tinha morrido quando ela estava com 12 anos. Ela tinha uma irmã e um irmão mais velhos. Quando o pai envelheceu e os irmãos saíram de casa, ela ficou responsável por cuidar dele sozinha.

Querendo ser boa pessoa e boa filha, além de boa cristã, Sandra se dedicou a cuidar do pai. Formou-se na faculdade local e, depois, obteve o mestrado em pedagogia. Durante anos, lecionou numa escola primária local e viveu em casa com o pai. Periodicamente entrava em depressão e fazia psicoterapia, o que lhe proporcionava um alívio temporário. Seu último terapeuta tinha sugerido que ela tomasse um antidepressivo. Havia dois anos, na igreja, conhecera um homem que morava em Ithaca e estava visitando familiares em Buffalo. Sentiram-se imediatamente atraídos um pelo outro. Ele a cortejou e eles logo se apaixonaram. Após seis meses ele a pediu em casamento. Depois de sofridas deliberações, devido à culpa por deixar o pai sozinho, ela aceitou o pedido e havia um ano se mudara para Ithaca com o marido.

Perguntei-lhe como ia o casamento. Ela elogiou o marido efusivamente. Ele era generoso, educado, atencioso, imperturbável e paciente com ela. Seu casamento ia bem, disse. Tinha encontrado um emprego numa escola primária local, que adorava. Tinha feito amigos em Ithaca e levava uma vida social satisfatória. "E o seu pai?", perguntei. Ela me disse que, embora ele sofresse de um sério problema de artrite, que lhe causava muitas dores, conseguia fazer tudo sozinho em casa e só precisava de ajuda com as compras. Ela o visitava em Buffalo sempre que podia, duas vezes ao mês, no mínimo, e o ajudava com as compras e pequenas tarefas de que ele não dava conta sozinho. O irmão e a irmã viviam lá perto, mas se queixavam de estarem muito ocupados com as próprias famílias e o trabalho para poderem ajudar.

Quando falou do pai, pude ver que sentiu raiva. O sentimento era perceptível no tom de sua voz, em sua expressão facial e na tensão do seu corpo. Como já disse, a raiva em geral acompanha a depressão ou está por trás dela. Não se pode dizer que sua depressão mascarasse a raiva que ela sentia. Era antes uma transformação da raiva. A depressão não é a raiva voltada para dentro, como muitos acreditam. A dinâmica da raiva e a da depressão são iguais só até certo ponto. Tanto a raiva como a depressão resultam de desejos frustrados ou de esperanças malogradas. Tanto a pessoa enraivecida como a deprimida se sentem impotentes. Mas a raiva requer esperança, a esperança de que, de algum modo, a agressividade produza os resultados esperados. Quando a esperança é perdida, a depressão se instala. A depressão é a raiva sem paixão, impotente e sem esperança. Sandra estava com raiva sem paixão, sem energia. Estava frustrada e zangada, mas tinha desistido da esperança.

"Do que você está com raiva?", perguntei, um tanto inesperadamente. A princípio ela ficou surpresa por eu pensar que ela estava com raiva e, então, negou raivosamente que se sentisse assim. Aos poucos, à medida que foi falando do pai, a raiva que sentia tornou-se óbvia para ela. Quando ela se abriu para esse sentimento, sua depressão começou a diminuir, como, em geral, acontece. Ainda se sentia impotente, mas a consciência da raiva reativou-lhe a esperança, porque significava que havia escolha.

Sentia-se extremamente exasperada com o pai, que era muito autoritário e exigente. Sua mãe tinha tratado o marido como um rei. Durante anos, após a morte dela, Sandra tinha vivido com o pai imperioso, servindo-o com lealdade, obediente a todos os seus caprichos. Não saía socialmente, como faziam as amigas. Evitava os homens, pois achava que, se se cassasse, estaria abandonando o pai. Apesar disso, ansiava por ter uma vida própria. Quando conheceu Harry e se apaixonou, entregou-se aos próprios desejos e, embora sentisse uma poderosa culpa no íntimo de seu ser, casou-se com ele e se mudou para outra cidade.

O pai, entretanto, continuava lhe fazendo exigências. Telefonava constantemente, queixando-se com sutil indignação de que ela o ignorava. Pedia com frequência a Sandra que o levasse às compras e ao médico, que o ajudasse nos afazeres domésticos que ele não conseguia resolver sozinho. Sandra habituou-se a estar sempre à disposição do pai quando ele lhe telefonava, visitava-o a cada quinze dias pelo menos e fazia as compras, além de limpar a casa dele. Ela estava com raiva dele e culpava-se por esse sentimento. Condenava-se, achando que era egoísta. Afinal, ele estava com 85 anos e cada vez mais incapacitado por causa da artrite. Também estava com raiva da irmã e do irmão, que, na opinião dela, se esquivavam do pai e eram muito egoístas, cuidando apenas das próprias vidas. Toda vez que estava indo visitar o pai, ou quando voltava de uma visita, ficava irada e não sabia por quê.

Encorajei-a a assumir a responsabilidade por sua raiva e a examiná-la. O que ela queria e não estava recebendo? O que ela estava recebendo e não queria? Após meses de reflexão, começou a perceber que queria muitas coisas. Em primeiro lugar, queria ser uma boa pessoa e se sentir boa. Esse desejo a obrigara a ceder aos desejos do pai, para não se sentir culpada por abandoná-lo. Em segundo lugar, não queria mais estar à disposição do pai o tempo todo, para atender a todos os seus pedidos. Ela tinha dificuldade em aceitar esse desejo, porque ele contradizia o primeiro, de ser uma boa pessoa. Em terceiro lugar, queria que o pai fosse uma pessoa diferente. Queria que ele fosse menos exigente e mais autônomo. Também queria que ele demonstrasse mais reconhecimento pelo que ela fazia, em vez de achar que ela não fazia nada além de sua obrigação, pois tudo aquilo lhe era devido. Em quarto lugar, queria que seu irmão e sua irmã ajudassem mais o pai, para que ela não precisasse viajar tanto para Buffalo. Finalmente, queria que as pessoas sacrificassem os seus próprios desejos egoístas pelo bem dos outros, como ela havia feito. Esses desejos frustrados deixavam-na com raiva de praticamente todos os membros de sua família.

A causa fundamental de sua raiva era a culpa. Muitas vezes não reconhecemos que o rancor é o fruto amargo da culpa. Achamos que a culpa é uma forma de remorso e autocondenação por algum ato ou desejo ilegal ou antissocial. A maioria das pessoas se sente culpada quando sabe que fez algo errado, por exemplo, transgredir uma lei ou desrespeitar um princípio ético. Essa espécie de culpa é só a ponta do *iceberg*.

A culpa é o cimento da sociedade. Como Freud já tinha entendido, ela é um subproduto da civilização, que, pelo benefício de pertencer ao grupo, exige a renúncia a certos desejos fortemente cultivados. Ceder a tais desejos proibidos gera culpa. Manter-se apegado a eles, mesmo sem satisfazê-los, também produz culpa. Os relacionamentos requerem a renúncia a alguns desejos. Em todas as relações são estabelecidos limites e regras, que requerem que cada pessoa renuncie um pouco a sua liberdade, para que o vínculo seja preservado. Se esses limites e regras forem violados, o vínculo fica ameaçado.

No casamento, por exemplo, o casal concorda em ser sexualmente monógamo. Se um deles tem um romance extraconjugal, por exemplo, o casamento é ameaçado. A culpa é uma restrição da liberdade. Sua função é reprimir e controlar desejos que, se tivessem livre curso, poderiam redundar na rejeição social da pessoa ou na perda da relação à qual essa pessoa está vinculada. Não é preciso fazer algo errado para sentir culpa; alimentar o desejo também induz culpa. Como resultado, a pessoa culpada se ressente de quem lhe parece responsável por sua perda de liberdade. Sandra cresceu sob uma regra que a obrigava a cuidar do pai. Para ela, isso representava uma restrição à sua liberdade e, sem estar consciente disso, ela sentia rancor do pai por esse motivo.

A resolução da culpa exige que se faça uma escolha livre. A pessoa deve consciente e voluntariamente ceder aos seus desejos ou renunciar a eles; é uma coisa ou outra. A ambivalência induz culpa. Convidei Sandra a avaliar as escolhas possíveis. Ela poderia decidir não viajar para Buffalo por causa do pai e deixar que seus irmãos, que moravam mais perto, cuidassem dele. Ou poderia resolver atendê-lo algumas vezes, mas não sempre. Poderia conversar com os irmãos de novo e pedir que se envolvessem mais. Ou poderia decidir, de livre e espontânea vontade, continuar fazendo o que sempre fez.

Concordamos que seria difícil para ela simplesmente abandonar o pai. Ela o amava e sentia pena de ele estar padecendo com a artrite, uma doença dolorosa e incapacitante. Ela queria ajudá-lo. Por outro lado, o esquema atual não era mais aceitável. Ela se sentia explorada por ele e pelos irmãos. Perguntei-lhe se tinha conversado com seus irmãos sobre repartir a responsabilidade pelos cuidados com o pai. Ela disse que conversara, mas que eles tinham se queixado de que o pai morava do outro lado da cidade, que eles tinham cada qual a sua família e que estavam trabalhando o tempo todo. "Bom", eu disse, "você mora a quatro horas de distância, também tem sua própria família e está trabalhando em período integral. Talvez possa falar novamente com eles, não acha?"

Sandra reagiu de maneira negativa, com raiva e cinismo, queixando-se do irmão. Disse que ele era homem e que dos homens não se espera que cuidem dos pais. Os meninos são criados de modo diferente das meninas. Quando ela era pequena, o irmão tinha liberdade para fazer o que quisesse, enquanto ela era protegida e controlada pelo pai. O irmão não fazia nada para ajudar em casa. Dizia que estava ocupado com o trabalho. A irmã gostava de viajar e em geral achava inconveniente corresponder às necessidades do pai. Sandra tinha medo de enfrentá-los porque, tinha certeza, eles rejeitariam seu pedido de ajuda e a criticariam por querer abandonar o pai. Ela não conseguia suportar a ideia de que os outros pudessem considerá-la egoísta.

Expliquei-lhe que sua raiva era causada pelo conflito entre seus desejos e receios. Ela amava o pai e queria ajudá-lo. Queria se sentir uma pessoa boa e ser vista como tal. Não queria viajar tantas vezes até Buffalo, mas tinha medo de ser criticada e rejeitada pela família se parasse de fazer isso. Se pudesse tomar atitudes para resolver esse conflito, talvez conseguisse enxergar a situação de maneira diferente e resolver sua raiva.

Para resolver sua raiva, ela precisava ter clareza a respeito do que estava dentro ou fora de seu alcance mudar, tomando, então, decisões acerca do que estaria disposta, ou não, a fazer nesse sentido. Ela não poderia mudar o pai. Ele era idoso e seu caráter e estilo de vida eram imutáveis. Além disso, era um patriarca teimoso. Ela não poderia esperar que ele fosse capaz de cuidar mais de si mesmo. Seu pai era como era. Ela era a mais nova e o ônus tinha caído sobre ela, à sua revelia. Ela aceitara essa incumbência. Agora podia fazer escolhas, mas não podia mais mudar o passado. Também não podia controlar a opinião que os outros teriam a seu respeito. As pessoas são livres para pensar o que bem quiserem. Se continuasse servindo o pai obedientemente, alguns poderiam pensar que ela era uma santa, enquanto outros talvez pensassem que era uma boba. Se tentasse persuadir os irmãos a ajudá-la, alguns poderiam achar que ela estava se esquivando de suas responsabilidades, ao passo que outros pensariam que estava corajosamente tentando equilibrar as coisas.

Sandra conseguiu ver que se ressentia de se sentir obrigada porque isso representava o sacrifício de sua liberdade. Ela não se sentia livre para escolher não atender às necessidades do pai. Sentia rancor dos irmãos, que agiam com egoísmo e sem experimentar a mesma culpa que ela. Não podia ter as duas coisas, servir ao pai e ficar livre dele. Sentia-se frustrada e com muita raiva por querer o que não podia ter. Levou algum tempo refletindo sobre isso até aceitar seus sentimentos. Decidiu telefonar novamente para o irmão e a irmã, pedindo ajuda. Aos poucos, conforme a negociação avançava, eles cederam aos pedidos dela e concordaram em se envolver mais.

No início, ela se sentiu aliviada. Achou que tinha sido ouvida. Não se sentia condenada por abandonar o pai. Apesar disso, ainda ficava irritada quando ele lhe telefonava e lhe pedia ajuda. Sandra ainda ficava zangada quando o irmão e a irmã arranjavam desculpas para não estarem disponíveis para ajudar em determinadas ocasiões. Dizia que eles tinham concordado em aliviar uma parte de suas responsabilidades, mas continuavam agindo como se ela fosse a principal responsável. Ela continuava se sentindo culpada quando dizia ao pai que era a vez do irmão ou da irmã ajudarem, não a dela. Ainda se sentia como se o estivesse abandonando e o empurrando para seus irmãos.

Ao examinar sua irritação, porém, confirmou para si mesma que ainda alimentava desejos impossíveis. Aos poucos, começou a aceitar a situação tal como ela era. Não queria abandonar o pai, mas também não queria sentir raiva quando ele lhe pedisse ajuda. A solução foi fazer escolhas sem se sentir forçada pela culpa ou pela obrigação. Desenvolveu a capacidade de dizer "não" às vezes e conseguiu uma parte do que queria, mas não tudo. Ficou feliz que os irmãos tivessem concordado em ajudar mais e, no futuro, poderiam ser persuadidos a se envolver mais, até que se chegasse a um equilíbrio. A constatação de que ela podia fazer escolhas aumentou sua esperança e diminuiu sua depressão.

Sandra pôde tomar uma decisão que a fortaleceu porque encarou diretamente as questões essenciais: "O que eu quero e não estou recebendo?", "O que estou recebendo e não quero?", "Existe alguma maneira de conseguir o que eu quero?", "Estou disposta a aceitar metade do pão?" Em vez de se sentir obrigada e culpada, ela assumiu a responsabilidade por suas escolhas. Suas atividades não mudaram muito. Ela ainda ia a Buffalo a cada poucos meses. Mas seus sentimentos mudaram e sua raiva diminuiu.

O melhor conselho para responder a essas perguntas está na Prece da Serenidade: "Deus, concede-me serenidade para aceitar as coisas que eu não posso mudar, coragem para mudar aquelas que eu posso e sabedoria para saber distinguir entre elas." Se tivermos discernimento e força moral para encontrar uma maneira ética de satisfazer os nossos desejos, então necessitamos coragem para seguir por esse caminho. O que acontece com frequência, porém, é que não conseguimos pensar imediatamente em maneiras de obter o que queremos ou de evitar o que não queremos. Pode ser que não exista nada a fazer ou dizer para aliviar nossas frustrações. Como alcançar a serenidade quando nos sentimos frustrados, impotentes, vulneráveis e ansiosos?

9. Passo seis: *Relaxar e desprender-se*

JÁ É MUITO DIFÍCIL alcançar a serenidade quando as coisas estão indo bem. Permanecer serenos enquanto nos empenhamos em realizar nossos infindáveis desejos e projetos de felicidade, lutando para evitar as dores inevitáveis, é uma tarefa heroica. É preciso coragem para continuarmos calmos e esperançosos diante de tudo o que nos deixa atônitos na vida e da certeza de nossa morte. É um verdadeiro desafio nos manter serenos quando as coisas dão errado.

O homem moderno está intoxicado pela ideia de progresso, que é uma noção bastante nova na história da humanidade. Sua introdução coincide com o advento da Ciência moderna há aproximadamente trezentos anos. Antes disso, a história era concebida não como um processo ascendente e linear, mas circular e espiral, em que o eterno retorno era modificado por eternas mudanças. A ideia de progresso nos incita a esperar que nossa vida melhore continuamente. Às vezes, perdemos a esperança quando os ganhos simplesmente equilibram as perdas, pois pensamos que isso é o princípio do fim.

O fato de a Ciência e a tecnologia evoluírem constantemente não implica a melhora contínua de nossas vidas. A Ciência e a tecnologia não podem garantir que seremos progressivamente mais felizes, nem nos proteger da infelicidade cotidiana. A Ciência e a tecnologia não nos levarão para o céu nem nos garantirão a imortalidade. Onde surgem os desejos, lá estarão os obstáculos. Desejos e obstáculos são os dois lados de uma mesma moeda. As coisas podem dar certo para nós por muito tempo, gloriosamente. Chegará o momento, entretanto, em que, com certeza, darão errado. A vida mais feliz que se possa conceber termina na velhice e na morte. Para as pessoas comuns, as coisas regularmente dão errado, não porque uma força maligna nos persiga, mas porque a vida nem sempre acontece como queremos. Nossas expectativas e esperanças estão fora de sintonia com a realidade. Essa é a base do estresse que assola as sociedades "avançadas".

O que é o estresse? Essa pergunta é pertinente por diversos motivos. O primeiro é que o estresse costuma ser apresentado como explicação, ou desculpa, para a raiva. As pessoas ficam com raiva mais facilmente, e com mais frequência, quando estão estressadas. O segundo motivo é que o relaxamento é amplamente e, a meu ver, corretamente considerado um antídoto para o estresse. Se é crucial aprender a relaxar para transformar a energia da raiva vinculada ao estresse, então devemos compreender o estado de estresse para o qual o relaxamento é o antídoto, pois é ele o nosso ponto de partida.

Basicamente, o estresse é o resultado da luta pela sobrevivência. É uma reação à ameaça à vida e, no caso dos seres humanos, à felicidade. Em sociedades altamente complexas e avançadas, poucos indivíduos escapam ao estresse. Às vezes, o simples fato de acordar pela manhã e vislumbrar o dia pela frente já é estressante. É preciso trocar as crianças, dar-lhes o café da manhã e despachá-las para a escola a tempo. Essa tarefa é estressante porque ficamos ansiosos com a possibilidade de elas se atrasarem, pois muitos atrasos podem significar fracasso – na escola e na vida. Depois, nós mesmos precisamos nos preparar para chegar ao trabalho na hora. Corremos para pegar o metrô ou o ônibus, esquivando-nos de obstáculos. Ou dirigimos, enfrentando o trânsito e olhando com nervosismo para o relógio. O estômago fica tenso e contraído de tanta ansiedade, pois tememos ser demitidos ou rebaixados se chegarmos atrasados. Trabalhamos num contexto ansioso, aflitos com a possibilidade de não nos sairmos bem e o chefe não ficar satisfeito, o que fará nossa vida desmoronar. Há enorme quantidade de pessoas difíceis com quem lidar, de regras a obedecer e formulários a preencher, sem falar das contas a pagar. E se alguém que amamos fica doente, fracassa, sofre ou morre? É preciso consertar o telhado, senão a chuva vai entrar e estragar a casa. De onde tirar dinheiro para isso? E aquelas férias que tanto queremos tirar para poder relaxar e escapar de todo esse estresse? Às vezes, a impressão é que simplesmente estar vivo já é um estresse quase grande demais para aguentar.

O estresse está associado a uma ampla variedade de condições e, por isso, o termo parece não ter um significado específico. Pode se referir a qualquer situação nociva, como se qualquer coisa desagradável pudesse ser estressante. Também se refere a nossas reações mentais e físicas aos eventos externos. Os eventos externos nos "estressam", então, ficamos "estressados". Hans Selye, um dos primeiros pensadores com reflexões inovadoras sobre o tema, discriminava fatores "estressores", condições externas e "estresse", nossa reação a eles. O estresse pode se manifestar em nossas ideias, atitudes mentais e energia, assim como em nossos sentimentos, como tensão e ansiedade. E pode se manifestar no corpo, como verdadeiras doenças, do ponto de vista médico. O que é essa experiência tão disseminada, que está tão presente em nossos sofrimentos e infelicidade?

Podemos entender o significado da palavra "estresse" com base em seus usos habituais. A linguagem tem a sua arqueologia. Conforme a consciência humana se torna mais complexa e sutil, o sentido das palavras vai sendo transformado, como uma cidade moderna construída sobre antigas ruínas. No nível físico e mais básico, a palavra estresse refere-se à aplicação de uma força externa que tensiona, deforma, danifica ou destrói um objeto. Por exemplo, uma morsa pode estressar e esmagar a madeira. O calor do maçarico de acetileno estressa e derrete o metal. Uma delicada xícara de porcelana, ao cair no chão, se fragmenta em muitos pedacinhos, devido ao estresse do impacto.

Num nível mais abstrato, a palavra *stress* (em inglês) se refere a uma ênfase ou acentuação na linguagem falada e na música – a acentuação de uma sílaba, palavra ou nota, por exemplo. Nesses casos, trata-se de uma metáfora derivada do uso da palavra no nível físico, como se a explosão de ar que sustenta a ênfase da sílaba ou da nota "distorcesse" o som ou o ritmo normais. O lado irônico disso é que, embora a ênfase distorça o som normal, ela também cria um novo som, agradável e nada destrutivo, o que sugere que o estresse também pode ter um valor positivo além do negativo.

Num nível mais elevado de abstração, a palavra estresse tem o significado psicológico de uma experiência traumática. O termo "trauma" conota os dois polos do estresse: o evento externo traumático e a reação traumática interna. O conceito popular de estresse psicológico se baseia no estresse físico, do qual é uma metáfora. (A mente só pode ser descrita por metáforas.) Ele sugere a imagem de uma força psicossocial externa, como a perda do emprego ou uma morte na família, que atua sobre a mente e as emoções, distorcendo-as e fragmentando-as, como o impacto de uma bala num osso.

Essa metáfora pode ser equivocadamente interpretada como sugestão de que a mente é uma *tabula rasa*, uma tela em branco, sobre a qual as experiências vão sendo passivamente impressas. Nossas reflexões sobre a raiva, porém, nos ensinam que a mente não é um objeto passivo, como uma tela vazia. Temos escolhas. Em graus variáveis, podemos responder com flexibilidade. Nossa mente não é nem desprovida de energia nem está em branco. É um agente ativo do organismo, que interpreta os dados sensoriais e reveste-os de significado em relação à luta pela vida, pela segurança e pela satisfação.

Essa concepção combina mais com o paradigma físico do estresse. O efeito de uma força física sobre um objeto depende não só da força, mas também da resistência do objeto. O vidro é frágil. A madeira cede ao estresse mais facilmente que o aço. Os diamantes são criados pelo estresse e se tornam relativamente imunes a ele. De modo semelhante, certos estados mentais nos tornam mais vulneráveis ou mais resistentes ao estresse do que outros. A capacidade para responder ao estresse varia de uma pessoa para outra, e depende de muitos fatores. Algumas pessoas estão acostumadas a lidar com o estresse e se saem bem nisso. Outras desmoronam sob o seu peso. Poderíamos citar diversas causas para explicar essa diferença, que pode depender dos estresses sofridos pela pessoa no passado, de quão traumáticos eles foram e de quanto apoio ela recebeu. Mas pode depender também de condicionamento, imitação, temperamento e condições de saúde. Há quem acredite que a vulnerabilidade ao estresse indica um desequilíbrio bioquímico de natureza vaga e inespecífica. A capacidade de tolerar o estresse também depende de um ato da vontade. Depende de a pessoa querer perseverar ou despencar. Às vezes, a pessoa me diz que está no fim da linha. Eu lhe digo: "Aumente o tamanho da linha. Para início de conversa, nem sequer existe uma linha. Ela é um produto de sua imaginação." A quantidade de estresse que podemos tolerar depende, em grande medida, de até que ponto estamos dispostos a aguentar.

Algumas pessoas ficam estressadas quando não têm dinheiro suficiente para comprar um carro novo. Consideram isso uma afronta pessoal, uma agressão ao seu orgulho pessoal, à ideia que fazem de si mesmas. Não conseguem tolerar a humilhação de dirigir uma "lata velha". Que posição isso lhe daria na escala dos valores sociais? Algumas pessoas ficam estressadas quando não conseguem pagar as contas em dia. Outras, quando a pia está cheia de louça suja, ou quando convivem com vizinhos barulhentos. As pessoas podem se estressar quando alguma coisa dá errado e, até, pela simples *possibilidade* de as coisas darem errado. A verdade é que nada nunca dá errado, exceto na cabeça da pessoa que vê como errado o que não está como ela gostaria que fosse. Fora de nossa cabeça, nada no mundo é certo ou errado. Simplesmente é.

Algumas pessoas são estressadas porque são perfeccionistas. O perfeccionismo é um fenômeno instrutivo. É como uma caricatura, uma hipérbole, em que as qualidades exageradas sugerem qualidades que nós também possuímos, mas em grau mais moderado. A pessoa perfeccionista tem como missão de vida evitar os defeitos e erros a qualquer custo. Costumo atender no meu consultório alguns estudantes que sofrem de perfeccionismo. Eles costumam me procurar porque se sentem ansiosos e deprimidos e acham que têm alguma doença mental. Assim que seu perfeccionismo é identificado, a dinâmica se torna clara. Costumam adiar suas tarefas escolares porque querem que saiam perfeitas. Querem se lembrar perfeitamente e escrever perfeitamente. Como duvidam da própria capacidade para alcançar isso, evitam as tarefas ou protelam cronicamente o cumprimento de seus deveres. Por isso, entregam os trabalhos com atraso, suas notas pioram e eles ficam ansiosos e deprimidos com a perspectiva de fracassar. Um estudante que estava para se formar veio ao meu consultório queixando-se de depressão porque seu registro de avaliações, que só tinha notas "A", tinha sido maculado por um "B". Os perfeccionistas sofrem a cada iniciativa, porque seu desejo é impossível de ser alcançado. Nada nem ninguém é perfeito, exceto no sentido de que é perfeito do jeito que é.

Os perfeccionistas estão constantemente em busca daquilo que tentam evitar. Estão sempre buscando o que mais temem. O perfeccionista não enxerga senão defeitos e erros. Tive uma tia que era uma dona de casa perfeita. Em cada aposento em que entrava, procurava a sujeira. Estava sempre atrás de sujeira. Para um perfeccionista, a possibilidade de encontrar sujeira, desordem ou imperfeições é estressante. É um sinal, e também um sintoma, de sua vulnerabilidade como criatura. Se alguma coisa dá errado, então tudo pode dar errado. Seu perfeccionismo é um padrão ritualístico para evitar o fracasso, a dor, a doença e a morte. Por outro lado, praticamente todas as pessoas ficam estressadas com a possibilidade de fracassar, sentir dor, ter alguma doença ou morrer. A ênfase nesse caso está em "praticamente todas as pessoas".

Recordo-me da primeira vez em que vi um cadáver. No primeiro ano da faculdade de Medicina, o tema da aula inaugural era anatomia. Naquela manhã, a classe se reuniu em torno da mesa de dissecação. O professor levou todos nós ao mesmo tempo lá para dentro, como se um espetáculo estivesse para começar. Vinte cadáveres estavam estendidos sobre vinte estrados, cobertos por oleado. Sentamo-nos em silêncio por alguns instantes, ao lado do corpo que nos era destinado, em grupos de quatro alunos, esperando que a turma se aquietasse. O professor então nos pediu que tirássemos o oleado e examinássemos o corpo.

Meu cadáver tinha uma etiqueta com um nome: Joseph Goldstein. Ele parecia ter 75 anos. Um dia, estivera vivo. Agora estava morto e eu iria dissecar seu corpo. Tremi. Estávamos todos estressados por aquela experiência. Após uma hora de nervosa inspeção daquele corpo nu, nosso sábio professor dispensou a turma. Essa experiência reverberou durante todo o dia como fascinação e ansiedade diante da morte. Alguns se perguntaram até mesmo se conseguiriam acompanhar a disciplina de anatomia. Dia após dia, conforme fomos nos envolvendo na dissecação, nosso estresse foi diminuindo. No final de um mês, estávamos almoçando enquanto trabalhávamos, apoiando nossos sanduíches nos tornozelos de Joseph Goldstein enquanto dissecávamos seus intestinos. O estresse tinha desaparecido. A situação não tinha mudado, a nossa cabeça, sim. O grau de estresse depende da condição mental.

As pessoas ficam estressadas, em graus variados, porque temem as coisas que deram ou darão errado. Essa é uma boa definição de estresse: medo de as coisas estarem erradas, darem errado ou permanecerem erradas. A sobrevivência e o bem-estar – do corpo e de si mesmo – correm perigo se as coisas derem errado. Observe que essa definição de estresse é semelhante à nossa definição de ansiedade: medo de um perigo futuro ou imaginado. A meu ver, não há diferença entre estresse e ansiedade. Ambas são respostas a um perigo percebido. Estresse é ansiedade, a ansiedade é estressante. Ambas decorrem do mesmo estado de espírito e têm a mesma fisiologia.

O estado de espírito que nos predispõe ao estresse é o mesmo que nos predispõe à ansiedade, à raiva, à agressividade e à violência. É o estado de espírito "normal", isto é, a mente habitual, que, a serviço do "eu", busca o prazer e a felicidade, e o defende da dor e da infelicidade. Quanto mais fortes, ardorosos e obstinados forem os desejos, esperanças e temores, maior a vulnerabilidade ao estresse.

O estado "normal" da mente é o apego e a tensão. Somos apegados aos nossos projetos de felicidade, e tensos porque as coisas podem dar errado. Essa é a incubadora do estresse. A crescente complexidade da sociedade moderna gerou uma verdadeira epidemia de ansiedades agudas e crônicas. Quando a ansiedade afeta o corpo, nós a chamamos de "síndrome do estresse", um estado crônico de tensão e preocupação ansiosa com as coisas que podem dar errado, que mantém o sistema nervoso simpático ativado, até que, por fim, ele se exaure e entra em colapso. Os pesquisadores em medicina afirmam que o estresse pode nos tornar física e mentalmente doentes.

O estresse tem sido apontado como causa de uma ampla variedade de doenças físicas, desde cardiopatias, hipertensão, derrame, úlceras, asma e colite até determinadas formas de câncer e doenças do sistema imunológico. A ativação crônica do eixo simpático-adrenal eleva a pressão sanguínea e tensiona o coração, produzindo doenças cardiovasculares. Também exaure o sistema imunológico, o que pode aumentar a vulnerabilidade ao câncer. Um novo campo de estudo, a psicoimunologia, desenvolvido recentemente, estuda os efeitos do estresse psicológico sobre o sistema imunológico. As pessoas que sofrem de estresse são tantas que, hoje, programas destinados à sua redução são comuns em hospitais, clínicas, escolas e empresas. O estresse também tem sido acusado de causar ou desencadear uma larga variedade de padecimentos mentais e emocionais, desde ansiedade e depressão até anorexia, compulsão por comer, toxicomania, fobias, paranoia, psicose e suicídio. O estresse acende as chamas da raiva, da agressividade e da violência.

O antídoto para o estresse é relaxar, é desapegar-se. Para saber como relaxar quando estiver com raiva, primeiro você deve aprender a se aquietar quando não estiver se sentindo assim e, depois, aplicar o que aprendeu no momento em que a raiva surgir. Como a energia da raiva é instigada pela reação de luta ou fuga, pode ser domada quando inativamos essa reação, acalmando o eixo simpático-adrenal. Isso é conhecido como "resposta de relaxamento".

* * *

A resposta de relaxamento foi descrita originalmente pelo doutor Herbert Benson, que mediu a fisiologia de monges budistas em meditação. A fisiologia da meditação é oposta à fisiologia do estresse, da ansiedade e da raiva. Na meditação, o ritmo cardíaco desacelera, o volume de sangue no cérebro diminui e a pressão sanguínea cai; a respiração fica mais lenta e os músculos se descontraem. A pele esfria e diminui a taxa metabólica. A atividade cerebral, registrada por um eletroencefalograma, diminui até alcançar a calma, o estado de atenção do ritmo alfa. Em suma, a atividade do eixo simpático-adrenal diminui. Meditadores experientes conseguem desacelerar o ritmo cardíaco e reduzir o metabolismo até praticamente atingir um estado de animação suspensa.

O relaxamento é uma inativação deliberada da reação de luta ou fuga por meio de uma estratégia de *biofeedback*. Essa estratégia tem um componente fisiológico e um psicológico: relaxa o corpo e a mente. Os dois componentes atuam em conjunto. Quando o corpo relaxa, a mente relaxa, e quando a mente relaxa, o corpo também relaxa. Não é possível ter o corpo tenso e a mente relaxada ou ter a mente tensa e o corpo relaxado.

Relaxar o corpo significa relaxar os músculos. A tensão produzida pela ansiedade é tensão muscular. Os músculos estão preparados para lutar ou fugir, mas não há ninguém contra quem lutar e nenhum lugar para onde fugir. Você pode aprender a resposta de relaxamento realizando um procedimento simples.

Sente-se numa cadeira confortável, feche os olhos e concentre sua atenção em seu corpo. Para relaxar, primeiro você deve criar uma nítida consciência do contraste entre a sensação de tensão e a de relaxamento. Para isso, crie artificialmente um estado de tensão, empurrando os dedos dos pés contra o chão. Faça isso devagar, acompanhando o movimento com toda a atenção possível e pressionando os dedos o mais forte que puder. O esforço para fazer essa pressão criará tensão nos músculos da sola dos pés. Preste atenção nesses músculos. Sinta a tensão. Agora alivie lentamente a pressão e sinta os músculos relaxando.

Repita o movimento de pressão com os dedos dos pés. Pare de fazer força e, em seguida, tensione de novo os dedos. Repita o procedimento várias vezes, até que fique completamente claro para você que *parar de fazer força é a chave para relaxar os músculos*. Intuitivamente, isso tem sentido. A tensão do estresse é um esforço ao qual não corresponde uma ação. O estresse é o esforço obstruído, o desejo obstruído, o projeto de felicidade obstruído. O método para relaxar é muito simples e direto: desista de todo o esforço. Desistir do esforço torna o desejo discutível. Como satisfazer um desejo sem esforço? É como se aconchegar na cama à noite e, então, sentir vontade de comer um biscoito, mas, aí, você pensa "que se dane (esse desejo), não quero fazer esse esforço". Sem desejo e sem esforço, não podem existir obstáculos. O que eles iriam obstruir? Relaxamento é liberação, não no sentido de enlouquecer, mas no sentido de se liberar das paredes e barreiras e se abrir para a vida tal como ela é. Acostume-

-se com esse processo. Torne-se consciente da tensão muscular, pare de fazer força e relaxe.

Relaxe o seu corpo deixando progressivamente de fazer força em cada um dos principais grupos musculares, de baixo para cima. Assim que você tiver dominado essa técnica, não precisará mais tensionar cada grupo muscular antes de relaxá-lo. Comece com as solas dos pés e vá subindo: pernas, coxas, abdômen, peito, braços, antebraços, mãos, dedos, queixo, rosto, testa. Visualize cada grupo muscular deixando de fazer força, como uma tira de borracha esticada que volta à posição de repouso. Pratique essa sequência regularmente até adquirir a habilidade de abandonar o esforço em todo o corpo e relaxar no momento presente.

Você pode perceber alguma resistência a isso. Para o ego, o relaxamento é ameaçador, porque significa desistir dos desejos, das aversões e até do esforço para criar e manter um autoconceito satisfatório. Isso pode intensificar o sentimento de vulnerabilidade pessoal e gerar ansiedade. Algumas pessoas são tensas e inquietas demais para relaxar. Para elas, é preciso se esforçar e estar de prontidão, senão elas não se sentem seguras. O estresse que cultivam é como um policial protegendo-as de um assassinato. Para elas, relaxar para reduzir o estresse aumenta sua sensação de vulnerabilidade e sua ansiedade. Essa é a armadilha e a tragédia do estresse. Achamos que, para nossa felicidade, é preciso que nos mantenhamos apegados a desejos frustrados; ao mesmo tempo, nosso estresse (e nossa infelicidade) consiste no medo de que esses desejos sejam frustrados. A ligação entre um desejo e o medo de que ele se frustre dá ao estresse esse aspecto trágico e paradoxal. Em parte, o estresse é a ansiedade que experimentamos por sentir que, sem ansiedade e sem medo de perder o que queremos, não conseguiremos o que queremos e nosso mundo desmoronará.

Muitas vezes explico aos meus pacientes que relaxar os músculos ativa uma resposta de *biofeedback* em arco, capaz de desativar o sistema nervoso simpático. Trata-se de efeito oposto ao obtido por exercícios de aquecimento. Quando nos aquecemos, movimentamos os músculos correndo, alongando, saltando, movendo os braços, fazendo flexões. Quando os músculos estão ativados, sinais neuro-hormonais são enviados ao hipotálamo e estimulam o eixo simpático-adrenal, que está incumbido de providenciar os nutrientes de que os músculos necessitam e, ao mesmo tempo, remover os resíduos que estes produziram. Os exercícios podem aliviar o estresse ao metabolizar os hormônios simpático-adrenais e os metabólitos residuais da tensão. Os exercícios ativam a reação de luta ou fuga (mas sem medo ou ansiedade). O relaxamento a inativa.

Aprender a relaxar é como aprender qualquer outra coisa. É um processo com uma curva de aprendizagem. Quanto mais você pratica o relaxamento, melhor se torna em sua execução. Quando você se familiarizar com a estratégia e o método do relaxamento muscular, e tiver praticado enquanto estiver calmo, poderá aplicá-lo em momentos de raiva. Você pode se retirar da situação que causa raiva e relaxar até se sentir pronto para lidar com ela. Ou pode relaxar enquanto se relaciona com a pessoa ou a situação que causou a raiva. Tome cuidado para não entrar em um transe de relaxamento enquanto estiver na presença de alguém de quem você sente raiva, pois isso pode agravar a situação. Relaxe e continue em contato. Exercite-se para lembrar esta máxima simples: *"Quando a raiva surgir, relaxe."* Lembre-se disto especialmente depois de ter refletido sobre a situação e decidido que não há alternativa aceitável para a satisfação de seu desejo. Pode realmente não haver nada a ser feito a respeito do que quer que seja. A essa altura, exercite-se para manter-se aberto ao sentimento de impotência e relaxe. *O método consiste em estar consciente e aceitar o sentimento de impotência ao mesmo tempo que relaxa os músculos.*

Relaxar vale a pena. Você está se sentindo impotente porque não consegue o que quer. Combater esse sentimento de impotência, quando não há nada a fazer, gera uma sensação de vulnerabilidade, tensão e ansiedade. Ficamos ansiosos não apenas por não conseguirmos o que queremos, mas também por nos sentirmos impotentes. Aceitar esse sentimento, abrindo-nos para ele, tranquiliza e acalma a energia da ansiedade e da raiva. Pode parecer paradoxal, mas quando você se abre para o sentimento de impotência, alivia-se dele. Abrir-se significa aceitar o desamparo. De maneira tautológica, aceitar uma situação significa não ter ansiedade a respeito dela. Não é fácil relaxar quando estamos ansiosos. Com coragem e prática, porém, você será capaz de encontrar paz interior, até quando o momento for difícil.

A segunda prática consiste em relaxar a mente. Isto não é tão simples quanto relaxar o corpo. O corpo, humano ou animal, vive no presente. Quanto está tenso, está vivendo o presente. Quando está relaxado, está vivendo o presente. A mente humana tem a capacidade de viver o presente, mas vive principalmente as esferas imaginárias do passado e do futuro. Estamos constantemente nos lembrando de algo e esperando algo – lembrando-se dos traumas passados e temendo os traumas futuros. A mente discursiva é uma fábrica de sonhos, fabrica e conta histórias. Constrói as coisas que você diz para si mesmo, sobre si mesmo e sobre a vida. Também é uma solucionadora de problemas. Enxerga os problemas que ainda não aconteceram, os que poderiam acontecer e os que jamais poderiam acontecer. Pensa e se preocupa, e torna a pensar e a se preocupar, sempre sobre futuros perigos e felicidades. Para relaxar a mente, esse pensamento discursivo indisciplinado deve ser domado e treinado.

O método tradicional para domar e treinar a mente é a meditação. Já falamos sobre a meditação (no capítulo 3), mencionando que é o melhor método que existe para o desenvolvimento da consciência. Lembre-se que a meditação budista básica, *shamatha*, também é chamada de meditação "calmante", "permanência da calma" ou "morada da paz". Essa meditação calmante é a base da resposta do relaxamento. O caminho da meditação é vasto. O iniciante deve aprender a se acalmar e prestar atenção.

O praticante em um nível intermediário deve aprender a abrir o coração. (Veja o capítulo 10.) Alguns dizem que a meditação é o caminho para a iluminação. Quanto a isso, nada sei. Conheço alguns mestres, e sua resposta mais frequente a perguntas a esse respeito é uma risadinha ou uma expressão carrancuda, que acompanha a negação de que tenham alcançado a iluminação. Dizem que ainda estão trabalhando para isso. E nos encorajam a continuar trabalhando também. Esse é um processo assintótico, que segue continuamente em direção a uma meta sem jamais alcançá-la. Os mestres dizem que a meditação é difícil no início e difícil no fim. Somos todos principiantes.

Assim como no relaxamento do corpo, relaxar a mente exige uma percepção muito clara da diferença entre a mente tensa e a mente relaxada. A mente tensa é agitada. A mente agitada está ocupada pensando, a serviço do ego. Escaneia constantemente o campo mental, pensando sobre o passado e o futuro, buscando meios e maneiras de maximizar o prazer, minimizar a dor e se proteger, preservar e expandir. Um antigo ditado budista diz: "Uma pessoa com a mente agitada está dando um salto para o sofrimento." Isso é assim porque a função evolutiva da mente é resolver problemas. A mente agitada é um sistema de busca, localização e preservação de problemas. Ela se detém nos problemas, causando um estado crônico de ansiedade e estresse. Um pensamento assustador pode provocar uma reação de pânico. A mente tensa está sempre desencadeando a reação de luta ou fuga, em resposta a perigos que prevê ou imagina.

A mente relaxada permanece em repouso atento, sem fazer esforço, no momento presente, aceitando o fluxo dos acontecimentos sem julgamentos egocêntricos. A rigor, é impossível pensar sobre o momento presente. Agora! Agora! Agora! É rápido demais para que a mente linguística possa capturá-lo. No momento em que tivermos pensado alguma coisa com sentido sobre o momento presente, ele já terá passado, terá sido substituído por outro. Agora! O nosso pensamento discursivo estende o momento presente ao passado e ao futuro para poder apreendê-lo e avaliá-lo, alegrando-se quando ele é consistente com nossos projetos de felicidade ou preocupando-se quando não é. A mente relaxada é uma testemunha atenta e silenciosa do presente dinâmico, em que a vida acontece. A pessoa que está relaxada no presente tem "presença". Serenidade e clareza são os frutos do poder do "Agora".

Para trazermos a mente discursiva, em ativa hipermentação, ao momento presente, precisamos de linha e anzol, por assim dizer. O anzol é a nossa respiração. Está presente a cada momento e enquanto vivermos. A linha é a atenção que damos à respiração. Descanse sua mente com a respiração. Respire naturalmente. Acompanhe a respiração, do jeito que ela estiver ocorrendo. Fique com ela. Preste bastante atenção ao ritmo de subida e descida. Não a force nem aprofunde. Observe, sem comentários, sua frequência, profundidade e pequenas variações. Quando surgirem pensamentos que distraiam sua atenção, como é inevitável que aconteça, em poucos segundos, note suavemente, sem julgar, que você se distraiu e torne a descansar sua mente na respiração, prestando atenção ao intervalo entre os pensamentos. Descanse tranquilo nesses intervalos.

Os principiantes talvez se sintam desencorajados com a frequência com que surgem pensamentos que distraem. Seja paciente. Mesmo que você só seja capaz de prestar completa atenção à sua respiração por algumas contagens, a prática de observar a avalanche de pensamentos, de suavemente deixá-los passar sem se prender a nenhum deles, e de retornar à respiração, é, *por si só*, uma verdadeira conquista. Não espere sentir paz de imediato. Permaneça consigo mesmo, no momento presente, tal como está. A meditação é uma habilidade que exige prática para ser desenvolvida. Com tempo, paciência e persistência, você irá descobrir, aos poucos e por si mesmo, como relaxar sua mente mantendo-a no momento presente.

Relaxar significa desapegar-se. Relaxar o corpo significa parar de fazer esforço físico. Relaxar a mente significa parar com o esforço mental, incluindo o esforço para ser feliz. Esse é um princípio difícil de ser apreendido pela mente normal, portanto, vamos repeti-lo. *Relaxar a mente significa desapegar-se do esforço mental, incluindo o esforço para ser feliz.* O relaxamento é um estado de não fazer. Desapegar-se quer dizer parar de fazer força para descobrir a maneira de satisfazer cada desejo, evitar cada transtorno e solucionar cada problema. Significa abrir mão de seus projetos de felicidade, mesmo que por pouco tempo. Significa interromper a narração de sua autobiografia. Esqueça-se de quem você é. Você está apenas relaxado e atento neste exato momento: é ninguém, indo a lugar nenhum. Enquanto estiver praticando relaxamento, tente ser ninguém, sem história de vida ou preferências, apenas permaneça sentado e consciente do aqui e agora. Quando você se levantar, será você mesmo novamente, com todos os seus desejos e ansiedades.

Numa meditação budista denominada *tonglen* ("dar e receber"), fazemos um exercício de imaginação em que doamos tudo o que consideramos precioso e recebemos tudo que os outros consideram nocivo. Um dar e receber nas ondas da respiração. Dar na expiração, receber na inspiração. O propósito dessa prática é inverter o hábito da mente normal, de receber o que é precioso e rejeitar o que é nocivo. No começo, basta simplesmente visualizar a expiração da luz e a inspiração da escuridão. Esse exercício simples é difícil para algumas pessoas. Imagine uma luz no centro de seu peito. Ao expirar, a luz se torna mais forte, brilhante. Ao inspirar, ela diminui e escurece.

Como próximo passo, imagine expirar uma fragrância suave e inspirar cheiro de esgoto. É apenas uma prática imaginária para a neutralização da mente normal, egoísta. O nível de dificuldade de dar e receber prossegue até você visualizar dar tudo que tem para o seu inimigo e receber em troca todas as cargas dele. O passo final consiste em acolher o sofrimento do mundo e dar a própria vida em troca. Pode parecer algo messiânico, mas lembre-se de que não é um projeto de felicidade. É uma prática para transformar nosso egoísmo costumeiro em altruísmo.

Quando estou ensinando essa prática, costumo pedir às pessoas que *imaginem* que estão dando para um amigo tudo que têm no banco e assumindo todas as dívidas dele. As pessoas costumam lutar contra isso. Tenho me surpreendido com a quantidade de pessoas que têm dificuldade em fazer o exercício. Elas não precisam desembolsar nenhum centavo! Precisam somente imaginar que estão fazendo isso. Mas seu apego ao dinheiro é tão forte que elas ficam ansiosas com a simples ideia de entregá-lo a alguém. O eu egoísta se agarra com força a si próprio e àquilo de que gosta, e evita, rejeita ou ataca aquilo de que não gosta. Desapegar-se é uma inversão saudável desse padrão habitual. É uma espécie de alquimia que transforma vinagre em mel.

É um fato desagradável que, quanto mais fortemente nos agarramos aos nossos desejos, aversões e projetos de felicidade, mais vulneráveis ficamos às frustrações, à raiva e à violência. Isso não quer dizer que devemos desistir de nossos projetos de felicidade. Todos nós precisamos deles. Nós, humanos, precisamos da esperança. A esperança é o alimento da mente normal. Se não tivermos a esperança de que seremos felizes no futuro, o dia de hoje será sombrio. O problema está em nosso apego às esperanças. Aquelas às quais nos agarramos com unhas e dentes logo deixam de ser esperanças. Esperanças verdadeiras têm sempre um aspecto de incerteza, algo como esperar que dê vermelho na roleta. Aquelas às quais nos aferramos parecem mais exigências, nenhuma alternativa é aceitável. Abrir mão delas significa afrouxar nosso controle sobre todas as coisas. Significa relaxar, simplificar, aliviar. Não significa evitar os desejos, as esperanças ou os projetos de felicidade, mas compreender que eles são facas de dois gumes.

O paradoxo da esperança é demonstrado na história do sujeito que buscava Deus. A vida inteira ele tinha buscado Deus. Em toda parte. Por fim, numa taberna, certa noite, contou para o companheiro de copo o seu projeto de felicidade. "Você tem sorte!", o companheiro exclamou com orgulho. "Eu sei onde Deus mora! Tenho o endereço d'Ele!" O buscador foi até o endereço e, ao se aproximar da casa, teve um pensamento feliz: "Minha vida inteira busquei Deus e agora vou conhecê-lo. Meus sonhos e esperanças mais preciosos se realizarão."

Quando ergueu a mão para bater na porta, outro pensamento despontou em sua mente, um pensamento ansioso: "Agora que encontrei Deus, o que faço do resto dos meus dias? Minha vida inteira fui um buscador de Deus. Agora, o que faço?" Deixou a mão cair e se afastou, matutando na resposta a sua própria indagação: "Continuarei buscando Deus, mas agora sei onde não procurar." Instintivamente, o homem reconhecia a importância de manter viva a esperança. Oscar Wilde disse certa vez que há duas grandes tragédias na vida. Uma é não conseguir o que se quer. A outra é conseguir. Então, você faz o quê? Cria uma nova esperança. Interminavelmente.

O que fazer com esse dilema? Um ensinamento fundamental em todas as tradições esotéricas é o equilíbrio. Segundo o princípio básico do taoismo, o universo é dialético. Ao menos duas energias contrastantes são indispensáveis para que se estabeleça uma dinâmica: *yin* e *yang*. A astrofísica diz que o universo é composto de matéria e antimatéria. As partículas elementares têm cargas positiva e negativa. As motivações primárias dos seres vivos são a atração e a repulsão, os desejos e as aversões. O segredo está em encontrar o equilíbrio entre os extremos antitéticos.

* * *

Em nossa opinião, a doença mental é causada por uma mente desequilibrada (ou, conforme a metáfora moderna, por um desequilíbrio químico). Encontramos esse desequilíbrio em todas as formas das assim chamadas "doenças mentais", de sofrimentos emocionais, comportamentos desviantes e "loucura". A mente que consideramos sã é aquela que mostra equilíbrio entre dois extremos, por exemplo, entre a esperança e a aceitação do que não podemos controlar. A mente equilibrada encontra o meio-termo entre o desejo de viver e a inevitabilidade da morte, a busca do prazer e a contenção, a ação e a passividade, o egoísmo e a compaixão e assim por diante. "O meio-termo de ouro" e "o caminho do meio" são ensinamentos sobre o equilíbrio.

Antigamente, os rabinos hassídicos eram pregadores itinerantes. Iam de casa em casa, a cavalo, ministrando ensinamentos em troca de cama e comida. Certa vez, após a refeição, um anfitrião perguntou ao rabino: "De que maneira podemos servir melhor a Deus?" Na realidade, a pergunta era: "Como podemos ser felizes?", porque um artigo de fé essencial do Velho Testamento é que Deus se apraz com os virtuosos e os recompensa com a felicidade, punindo os pecadores com sofrimentos.

O rabino respondeu: "Não posso lhe dizer diretamente, mas posso lhe contar uma história." Há muito, muito tempo, os acusados de crimes eram julgados pelo ordálio. Certa vez, dois homens foram acusados de roubo pelos agentes do rei e forçados a caminhar sobre uma viga estreita que atravessava um precipício. Se fossem culpados, Deus os puniria com o desequilíbrio e a morte. Se fossem inocentes, Deus os conduziria através do precipício. O primeiro homem caminhou elegantemente sobre a viga e alcançou o outro lado. O segundo homem gritou para ele: "Como você fez isso?", ao que o primeiro respondeu: "Tudo o que posso lhe dizer é: quando você se inclinar demais para a esquerda, incline-se para a direita, e quando se inclinar demais para a direita, incline-se para a esquerda!" Eis o segredo da felicidade.

Encontramos o mesmo ensinamento fundamental nos contos da sabedoria oriental. Um hindu devoto indagou de seu guru: "Como devo praticar a minha religião? Devo seguir escrupulosamente todos os rituais, orar regularmente e obedecer a todos os preceitos éticos? Ou devo viver espontaneamente e apenas deixar que tudo flua, como os mestres parecem fazer?" O guru lhe perguntou: "Qual é o seu trabalho?" "Sou tocador de cítara", o homem disse. "E como você afina o seu instrumento?" O homem pensou por alguns instantes sobre como traduzir em palavras o seu ofício musical. Por fim, explicou: "Nem apertando nem soltando demais." "É desse jeito que se faz", respondeu o guru.

O equilíbrio não é um estado estático. É um processo dinâmico de percepções e decisões contínuas. Você pode escolher inclinar-se para a direita ou para a esquerda. Decidir apertar ou soltar. Para transformar a energia da raiva, você pode decidir desistir do que não consegue ter ou não consegue mudar. Temos duas espécies de escolha. Podemos escolher entre as muitas coisas que queremos e podemos ter. E podemos escolher como reagir quando não podemos ter o que queremos. Por fim, como ensina a Prece da Serenidade, podemos orar para ter a sabedoria de fazer essas distinções.

No começo, enquanto você resiste ao desapego e continua desejando o que não pode ter, podem passar alguns dias, depois de uma explosão de raiva, até que você enxergue essa dinâmica, aceite a frustração e relaxe. Quando você aprender a parar de fazer força e a relaxar na impotência, gradualmente os sentimentos de frustração e desamparo se tornarão menos intensos. Lembre-se: a impotência só aparece quando um desejo se frustra. Se não há desejo, se não há esforço, não há desamparo ou impotência. Com o tempo, os breves momentos de descontração acabam se fundindo e configurando uma maneira diferente de enxergar seus projetos de felicidade; eles não serão mais uma questão de sobrevivência, ou de vida ou morte para o ego. O sábio tem consciência de que todo esforço ou iniciativa pode tanto ter êxito como fracassar. Sucesso e fracasso são os dois lados de uma mesma moeda. A pessoa sábia reage mentalmente com calma e consciência tanto diante do sucesso como do fracasso.

Esse ensinamento é transmitido numa história zen intitulada "É mesmo?". Um monge estava meditando na floresta quando um homem de meia-idade se aproximou dele, com um bebê nos braços. "Monge", o homem chamou com raiva. "Este bebê é da minha filha! Ela diz que você é o pai. Então, pronto. Você cuida do bebê!" O monge se inclinou em reverência, tomou o bebê nos braços e disse: "É mesmo?" Cinco anos depois, o homem voltou. O monge e o menino estavam comendo calmamente, perto da fogueira. "Monge", o homem disse, "devo lhe pedir desculpas. Minha filha confessou que o filho do carpinteiro é o verdadeiro pai da criança. Ela estava com vergonha de me dizer há cinco anos. Agora os dois estão juntos, querem se casar e criar o filho." O monge se inclinou, entregou a criança e disse: "É mesmo?" Poucos de nós seriam tão diligentes, mas mesmo que não consigamos atingir esse nível heroico de equanimidade, sempre existe espaço para melhorarmos.

Se você se aplicar com constância, sem pressa, poderá aprender a permanecer relaxado quer as coisas estejam dando certo, quer estejam dando errado. Quando está tudo indo bem, relaxar é fácil e agradável, é uma pausa breve. Quando as coisas estão dando errado, quando você estiver se sentindo frustrado, impotente e ansioso, sem uma solução em vista, a única resposta inteligente é relaxar e desapegar-se. Quando não há mais nada a fazer, não faça nada. Apenas se mantenha consciente e atento para as mudanças em seu mundo interior e no mundo externo. Isso o ajudará a desenvolver a virtude da paciência e a capacidade de tolerar a frustração e a dor, sem raiva ou desejo de agredir. Com paciência, o vinagre de sua raiva pode ser transformado no mel da sabedoria. Se uma iluminação completa não é possível, você pode se empenhar para ser, pelo menos, relativamente esclarecido. Um estudante perguntou ao mestre zen como atingir a iluminação. O mestre respondeu: "Relaxe. Tome uma xícara de chá."

10. Passo sete: *Abrir o coração*

O SÉTIMO E ÚLTIMO PASSO é abrir o coração. Isto nos remete direto ao primeiro passo, assim como todo final leva a um novo começo. Voltando ao ponto de partida podemos vê-lo de maneira nova, como se fosse a primeira vez. Na prática, todos os passos estão presentes em cada um deles. Se mantiver a percepção consciente, você aprofundará sua compreensão. Se assumir a responsabilidade a cada passo, se fortalecerá para fazer escolhas sinceras. Use a compreensão para aprofundar a autoconsciência e a reflexão sobre si mesmo. Ao tomar decisões, considere tudo o que aprendeu. Após ter lido o Passo sete e pensado sobre ele, comece novamente do Passo um. Você terá uma ideia muito melhor do caminho a seguir.

Abrir o coração não é algo que se possa aprender num livro. É um processo que faz parte da vida, uma prática. Não podemos chamá-lo de projeto de felicidade, exceto de um modo especial. É um projeto para diminuir o apego a todos os outros projetos. Tem sido chamado de "a corrente de ouro". A "corrente de ouro" é, de diversas maneiras, o desejo de se unir a Deus, de atingir a iluminação ou, neste caso, de abrir o coração. É uma corrente porque é um desejo, e nossos desejos são nossas correntes, nossa servidão. É de ouro porque é um desejo nobre. O desejo de ser livre da servidão é, em si, um desejo, e pode se tornar servidão. Falando em termos metafóricos, é o desejo derradeiro. Buda usou a metáfora de um bote (veículo, *yana*) cruzando o rio. O bote é essencial para a travessia. Assim que chegamos ao outro lado (se é que alguém, um dia, conseguirá fazê-lo), o bote, ou desejo, ou corrente, pode ser deixado de lado.

A tentativa de satisfazer nossos desejos pode nos proporcionar prazer e felicidade temporários. Abrir mão deles pode nos trazer paz e contentamento. O truque está em encontrar o equilíbrio. O paradoxo é que o próprio desejo de nos abrir pode nos fechar. Pode nos manipular até construirmos uma falsa noção, um simulacro da abertura, que não será autêntico. Em certo sentido, nunca podemos saber se abrimos de fato o coração, porque o mero ato de prestar atenção a esse processo nos fecha. Observamos o processo para verificar se estamos tendo êxito ou fracassando. Por que outro motivo o faríamos? Mas, então, como saber? O resultado dessa tentativa provavelmente será ou o autoengano ou a frustração. Abrir o coração não é uma espécie de conhecimento. É uma maneira de ser no mundo. O lema da linhagem Karma Kagyu do budismo tibetano diz: "O objetivo é o caminho." O que importa não é ganhar ou perder, mas como você se comporta durante o jogo.

O desejo de abrir o coração, como todos os desejos, gera obstáculos, e pode nos tornar insatisfeitos com a nossa situação de pessoas fechadas, que ainda não abriram o coração. Podemos ficar decepcionados conosco e, para compensar esse sentimento, passamos a nos expor descontroladamente, revelando o nosso interior de maneira impulsiva e tola. Uma ironia que vale a pena considerar é que deixar de lado o desejo de nos abrir e prestar atenção ao "Agora" é, em si mesmo, uma abertura.

Outro obstáculo a abrirmos o coração é o desejo de alcançar a felicidade ou algum tipo de bem-aventurança. Supomos equivocadamente que, se abrirmos o coração, seremos mais felizes. Talvez, mas apenas se definirmos felicidade como serenidade e equilíbrio, e não como a realização de nossas vontades. Cometemos o erro de pressupor que abrir o coração é o caminho que conduz à bem-aventurança. Abrir o coração não quer dizer abrir--se somente para o prazer e fechar-se para a dor. Abrir o coração é se abrir para *todas* as situações, tais quais elas sejam. Para podermos transformar a energia da raiva devemos nos abrir para ela. Abrir o coração significa abrirmo-nos para a raiva e a dor tanto quanto para o prazer. Significa nos abrirmos para a frustração, o fracasso e a morte, experiências pelas quais todos passam. Se nos fecharmos para a dor, devemos nos fechar para a vida, porque a dor faz parte da vida; é o avesso de toda experiência, mesmo que seja apenas porque tudo muda. Os japoneses têm uma expressão para designar todas as experiências da vida, que é *mono no aware*, ou seja, "doce-amarga".

Fechando-nos para a dor, fechamo-nos igualmente para as outras pessoas, pois elas podem frustrar nossos desejos. Tive um amigo que achava que se meditasse fielmente todos os dias, alcançaria a iluminação. Ele achava que se tornaria sábio, admirado e feliz, pois teria feito uma grande conquista, da qual muito se orgulharia. Quando seus filhos ou sua esposa faziam barulho enquanto ele meditava, o que em geral acontecia, ele gritava furiosamente: "Calem a boca! Não estão vendo que estou meditando?" Ficava com raiva porque eles estavam estragando o seu projeto de felicidade de desistir de seus projetos de felicidade. Prepare-se! O desejo de abrir o coração será frustrado pelas situações e pelas pessoas que ameaçarem seus desejos e aversões mais profundas. Considere esses momentos de frustração oportunidades para examinar mais de perto e ser capaz de responder com ainda mais habilidade.

Para saber como abrir seu coração, você deve compreender o coração fechado. Naturalmente, "coração aberto" e "coração fechado" não são referências literais ao órgão físico. O coração é o local metafórico das emoções, da intuição e da vitalidade. Nós, ocidentais, vivemos na cabeça. Pensamos em termos de "mente aberta" ou "mente fechada". Desaprovamos a mente fechada, considerando-a má, rígida, dogmática, fixa, resistente a novos fatos ou modos de ver. Desde os tempos dos gregos, valorizamos a razão e a lógica como as diretrizes para a vida. Dizemos que a mente aberta é razoável e flexível. Mas seja a mente aberta ou fechada, "o coração tem razões que a própria razão desconhece", como observou Blaise Pascal.

Acreditou-se, no passado, que as emoções estivessem literalmente sediadas no centro do corpo, assim como costumamos pensar que a mente está literalmente sediada na cabeça. Algumas culturas mais antigas pensavam que a fonte das emoções que nos movem está no centro do corpo, na região do coração e do diafragma, onde o sangue e o ar estão em movimento. Os processos internos que sustentam nosso ser se movimentam no centro do corpo, não na cabeça. Quando sofremos uma desilusão, não dizemos "minha cabeça está partida", mas, sim, "estou com o coração partido". Não dizemos "eu te amo com toda a minha cabeça", assim como não descrevemos alguém com muita vitalidade dizendo "ali está um sujeito com cabeça". O símbolo do amor é o coração, a nascente do desejo. A escuridão do medo atinge o coração. Os coletes à prova de balas da força policial e dos soldados protegem o coração e os pulmões, órgãos que constituem o centro da vida. Os japoneses localizam o centro do ser um pouco mais abaixo, no *hara*, um pouco acima do umbigo. *Hara Kiri* significa matar a energia vital – suicidar-se. Abrir o coração significa abrir-se para o centro do nosso ser e para as experiências da vida.

O coração fechado é caracterizado pela preocupação habitual consigo próprio e com seus interesses particulares – os desejos, as aversões e o ego. A ideia de interesses particulares tem as mais profundas implicações psicológicas, sociais e políticas. Se fôssemos dizer que a raiva, a agressividade e a violência têm uma "causa", estaríamos falando dos interesses particulares. Mas esse é um tipo muito especial de causa. A causalidade física parte da causa e chega ao efeito. A causalidade psicológica opera ao contrário: parte do desejo de alcançar certo efeito e chega às escolhas que, conforme se espera, o produzam.

No nível psicológico, todo o mundo é egoísta. Isso é um fato. Os bebês nascem egoístas, como os animais. Necessitam de alimento, água, conforto físico e segurança. "Pensam" apenas em si mesmos ou, mais precisamente, têm consciência do mundo somente em razão de suas experiências de gratificação ou desconforto. São motivados pelo instinto vital, pelo desejo de sobreviver. A ação humana, em todos os níveis, é fortemente motivada por uma energia vital dedicada aos próprios interesses, à autoafirmação e à autodefesa.

Chamamos de "egoísta" ou "egocêntrica" a pessoa que se mostra excessivamente centrada em seus interesses particulares. Ela pensa e age como se fosse a criatura mais importante do mundo. É o personagem central em cena. Seus desejos são anteriores aos de todos os demais. Condenamos as pessoas, dizendo que são egoístas, quando elas colocam seus interesses particulares acima dos nossos. Não se trata aqui dos excessivamente egoístas ou de quem tem razões cabíveis para solicitar a atenção alheia. Somos egoístas mesmo quando pedimos que alguém seja menos egoísta.

Um dos problemas que atrapalham a satisfação dos interesses particulares é que a cabeça e o coração nem sempre estão em harmonia. De fato, a separação entre cabeça e coração é um aspecto fundamental da natureza humana. Sede dos desejos e das emoções, o coração muitas vezes anseia por algo que a cabeça, sede da razão e do cálculo, proíbe. E, às vezes, a cabeça força o coração a suportar o que teme e detesta. O termo psiquiátrico "esquizofrenia", comumente mal compreendido, refere-se a uma separação radical entre pensamentos e sentimentos. Ideias que, costumeiramente, são carregadas de emoção são expressas sem afeto, com aparente indiferença. Emoções sem conteúdos ideativos correspondentes (ou compreensíveis aos outros) irrompem e abalam a pessoa. A cabeça sem coração é um fracasso. O coração sem cabeça é cego. Abrir o coração quer dizer encontrar um equilíbrio integral entre cabeça e coração. É uma questão de integridade pessoal. Outro problema dos interesses particulares é que nossos desejos entram em conflito com os desejos dos outros e com outros desejos nossos que os contrariam. O comerciante quer vender caro e o comprador quer adquirir barato. Todos querem usar o carro da família ao mesmo tempo. Queremos relacionamentos e liberdade, fusão e individualidade. Os humanos são cheios de conflitos e de desejos. Eis a essência de nossa neurose universal.

Platão reconheceu que alguns desejos são desejáveis, enquanto outros, não. Essa distinção forma a base da ética. A função da ética, dizia Bertrand Russell, é distinguir os bons desejos dos maus e promover os bons. A socialização é o processo por meio do qual os interesses particulares de um indivíduo são modificados em prol do bem comum. Não podemos fazer sexo todas as vezes que queremos. Não podemos socar as pessoas ou agredi-las porque elas não agem como desejamos. Devemos tomar cuidado com o modo como nos comportamos à mesa para não ofender os outros com demonstrações de um apetite selvagem. Aprendemos a ser educados com os outros para proteger seus egos frágeis e para nossa própria segurança. Abrir o coração significa encontrar um equilíbrio entre os nossos interesses particulares e os dos outros.

O coração fechado está fechado para a possibilidade de não conseguir o que quer, para a possibilidade de ter de aceitar o que não quer e para a ideia de que não é o centro do mundo. Imagine o dono de um quarto, de seu próprio quarto pessoal, que tente colecionar e guardar tudo o que quer ali dentro, excluindo e mantendo do lado de fora das quatro paredes tudo o que não quer. Da mesma maneira, o coração fechado constrói um muro defensivo ao seu redor para conservar ali dentro tudo o que quer e manter do lado de fora tudo o que não quer. Esse coração fechado quer controlar a sua vida e tudo o que o rodeia; dessa forma, inadvertidamente, cria o próprio cárcere privado, do qual, então, busca se libertar.

Depois de ter se isolado de tudo o que está fora dos limites de seu ambiente, o coração está fechado para as complexidades e ambiguidades da vida. As coisas são pretas ou brancas. Ou eu gosto, defendo e deixo entrar, ou não gosto, sou contra e mantenho do lado de fora. O problema é que, como vimos, a mente dualista projeta qualidades antitéticas em tudo. Na realidade, nada é completamente positivo ou completamente negativo. Todas as pessoas que amamos têm as duas espécies de qualidades, tanto as virtudes que admiramos como os defeitos que não conseguimos suportar. Devemos deixar que entrem ou vamos mantê-las do lado de fora? (Ou vamos deixá-las dentro quando forem boazinhas, expulsando-as, porém, quando se mostrarem más?)

O coração fechado é às vezes solitário. Ele rejeita o "não eu". Essa rejeição se manifesta na vida de todas as pessoas. Todo o mundo, após uma grande perda, uma briga terrível, uma rejeição muito sofrida, uma humilhação pública, sente a tentação de emparedar o coração e nunca mais correr o risco de sofrer algo parecido. Mas como a vida é, de fato, tantas vezes dolorida, a maioria das pessoas desenvolve limites e defesas que, assim esperam, possam protegê-las de situações que se mostrem insuportavelmente sofridas. Esses limites e defesas, contudo, devem mostrar-se porosos, ou não conseguiremos nos comunicar com os outros e nos abrir para a vida. Como sabemos que nossos entes queridos podem nos deixar ou morrer, e que nossos projetos de felicidade podem fracassar, devemos decidir nos abrir ao sofrimento, ou nos encapsular em estratégias defensivas extremamente bem montadas e de tal modo impenetráveis que nossa capacidade de viver e amar acaba sendo estrangulada.

Em última análise, a rejeição do não eu significa, em certa medida, desconfiar de todos e rejeitar todas as pessoas. Em algum momento do desenvolvimento do indivíduo, até a própria mãe se torna um não eu. O coração fechado é acossado pela paranoia. Fechar-se às pessoas provoca o sentimento de que elas o rejeitam e, até, de que estão no seu encalço. Por que elas não deveriam rejeitá-lo? Você as rejeitou antes! E quanto mais você as magoar, rejeitando-as, mais elas o perseguirão.

Grupos e nações também podem se armar e se defender do "outro" potencialmente nocivo, identificando-se com suas próprias tribos e afiliações e construindo relacionamentos adversários com todos os demais. Esse é egoísmo coletivo, que se manifesta no patriotismo cego, na intolerância, no preconceito de raça, gênero ou classe social e nas perseguições de bodes expiatórios. Assim como se dá com os indivíduos, quanto mais estreitos forem os limites que definem a identidade coletiva, mais profundas serão a paranoia, a solidão e a rigidez asfixiante.

O paradoxo é que o coração fechado também é um ser social. Ninguém consegue viver fechado em uma sala sem se fechar para a vida. O coração anseia por intimidade com outras pessoas. Às vezes, ele só permite pequenas aberturas, cuidadosas e parciais, controlando com esmero quem e o que entra e quem e o que devem ser mantidos de fora. O problema é que, tão logo a abertura seja permitida, o que queremos escorrega para fora e o que não queremos se insinua para dentro.

O coração fechado é um estado de forte apego e, por isso, é vulnerável a frustrações, ao sentimento de impotência e à ansiedade, que podem desencadear acessos de raiva, agressividade e violência. Os interesses particulares são o estopim dessa dinâmica. Na mesma medida em que nossos pensamentos e atos são movidos por desejos ocultos ou conscientes, nossos corações estão fechados.

Abrir o coração é o antídoto direto para a raiva, a agressividade e a violência. Abrir o coração significa encontrar o eixo, o equilíbrio entre cabeça e coração. Significa abrir mão do que queremos e não podemos ter, abrir-nos para o que não queremos e não podemos evitar e cultivar o sentimento de uma humildade sincera em lugar de interesses particulares arrogantes. Significa abrir-se para a dor – e para a frustração, o desamparo e a vulnerabilidade. E significa abandonar, gradualmente, o apego a si mesmo, aos interesses particulares e a uma identidade social determinada. Significa abrir-se para a vida e para as demais pessoas.

* * *

O lado positivo da raiva é que ela nos dá oportunidade de abrirmos nossos corações. Conforme vamos trabalhando a raiva, com paciência e persistência, o efeito cumulativo desse processo se manifesta no abrandamento do ego. Implica também o afrouxamento de nossas defesas e a generosidade de nos abrirmos para a dor assim como para os prazeres da vida. Quando nos abrimos para os sentimentos de frustração, impotência e vulnerabilidade, tendemos a ter menos medo deles, a estar mais disponíveis para vivê-los e a nos sentir progressivamente mais capazes de relaxar mesmo na presença deles. O resultado geral é nos tornarmos mais capazes de viver relaxados, com uma mente calma e tranquila.

Não podemos conseguir tudo isso de uma vez só. Trata-se de um processo gradual e árduo, mas que proporciona resultados profundos. Abrir o coração significa ser capaz de amar e não ser correspondido. Significa o luto pela perda do próprio controle ilusório sobre os outros, o mundo e a vida, continuando a amá-los mesmo assim. É uma espécie de rendição que, na verdade, constitui uma vitória – como ceder e desculpar-se, perdoar ou amar, em vez de se defender atrás das barricadas e fortalezas do rancor que se pretende justificado. É se abrir ao doce-amargo sabor da vida.

Um lama tibetano, meu amigo, contou-me uma história sobre uma experiência de raiva que ele teve, na Índia. Ele era um famoso mestre de meditação e também formado em religião pela Universidade de Columbia. Estávamos debatendo sobre raiva, apego e desapego. Ele havia concluído seus estudos monásticos e estava se preparando para a pós-graduação em Nova Délhi. Quando terminou o primeiro rascunho de sua dissertação, tomou o trem para visitar alguns amigos que moravam no norte e levou consigo a única via do trabalho. O dia estava quente, empoeirado. Numa rápida parada numa cidade do interior, desceu rapidamente do trem para comprar algo fresco para beber, numa cafeteria da estação. Quando voltou ao assento, sua mala tinha sumido, com a dissertação lá dentro. Ele procurou desesperadamente pelo ladrão, mas não pôde encontrá-lo, e teve de embarcar de novo antes que o trem partisse.

Ele me disse que, no começo, sentiu raiva. Era uma reação natural. Até mesmo as almas mais avançadas sentem raiva às vezes. O Dalai-Lama, que, até onde sei, é uma pessoa totalmente desprovida da necessidade de fingir, admite que sente raiva. O fato de ele admitir que sente raiva nos faz lembrar que todos sentimos raiva. Tudo bem. O que importa é o que você faz com a raiva. Pema, o lama, disse-me que sua prática de meditação ajudou-o a perceber prontamente que estava com raiva. Começou, então, a refletir, de acordo com seu treinamento. Constatou que a raiva decorria de seu apego ao manuscrito. Era o seu projeto de felicidade e estava perdido. Ele poderia ter permanecido no estado de apego e desejo, mas sabia que isso apenas alimentaria sua raiva. Para abandonar esse sentimento, tinha de abrir mão do manuscrito que, de todo modo, já era irrecuperável. Então, desistiu. Contou-me os seus pensamentos naquela situação: "O ladrão devia ser pobre. Talvez estivesse com fome. Talvez tivesse filhos com fome. Pode ter me roubado para se alimentar ou para poder levar comida para a sua família. Nesse caso, então, minha mala deve ter sido útil para ele. Por que ficar com raiva se algum bem resultou dessa perda? Vou abrir mão do meu manuscrito. Entrego-o de bom grado para o ladrão, para que este lhe seja benéfico." E completou: "Assim que desisti do manuscrito, minha raiva desapareceu."

Ele não estava racionalizando. Não estava praticando o jogo de "fazer uma limonada com os limões que a vida lhe trouxe". Estava usando uma técnica para se desapegar. Não estava defendendo a ideia de que se devem desculpar os roubos ou outros crimes porque o criminoso talvez se beneficie deles. A moral da história é que, se você não pode ter o que quer, então desista. Se você perde algo que ama, então, desapegue-se. Não há outro jeito. Você já perdeu mesmo, e, caso consiga se desapegar, perderá a raiva também.

Como já enfatizei, desenvolver a percepção consciente ajuda a abrir o coração. Ao aperfeiçoarmos nossa capacidade de conscientização, podemos descobrir um ponto de silêncio em nosso íntimo, um lugar de serenidade interior de onde observar com mais clareza nossa raiva e nossos interesses particulares. Podemos estar fisicamente num local sereno, como à beira de um lago, num bosque, na praia, mas se a mente estiver agitada, não teremos sossego. Podemos estar numa cidade barulhenta, porém se a mente estiver em silêncio, teremos paz. Podemos não estar felizes o tempo todo, mas podemos cultivar a serenidade interior, a calma e o silêncio, que dependem muito mais de nosso próprio esforço do que de circunstâncias externas.

Osho conta a história de um monge que vivia numa floresta e que interrompeu um prolongado retiro para visitar sua família na cidade. Enquanto caminhava pelo mercado, ficou perturbado com o barulho. Crianças gritavam. Rádios tocavam música no último volume. Comerciantes anunciavam seus produtos, aos berros. Buzinas feriam os seus ouvidos. Num primeiro momento, o monge pensou: "Não aguento esse barulho. Vou voltar para o silêncio da floresta." Ao voltar-se e dar os primeiros passos para se afastar dali, teve outro pensamento: "Espere aí! É o barulho que está me aborrecendo, ou eu que estou aborrecendo o barulho?" Decidiu que era ele que estava aborrecendo o barulho e, então, seguiu em frente calmamente até chegar à casa de sua mãe. A lição aqui é que não faz nenhum sentido "aborrecer-se", quer dizer, não faz nenhum sentido rejeitar, brigar ou resistir por causa do que não podemos mudar.

Quando assumimos a responsabilidade por nossa raiva, abrimos nosso coração e nos transformamos. Em vez de nos sentirmos impotentes, confusos e agitados, aos poucos adquirimos força, clareza e paz. Ao desenvolver a autodisciplina, ganhamos poder sobre nós mesmos: nossa mente, nossos atos e emoções. Podemos nos sentir bem com isso. Podemos sentir ternura e compaixão por nós mesmos e um orgulho verdadeiro por essa conquista genuína. É como o orgulho de aprender a tocar piano ou de parar de fumar, em vez do falso orgulho de alguém que se acha grande, poderoso, importante. Em vez de perseguir a felicidade por meio da satisfação de desejos incessantes, podemos abrir mão de tudo isso e nos contentar conosco mesmos, neste exato momento, do jeito que estamos. Perceberemos mais e mais a possibilidade de desfrutar plenamente de inúmeros momentos de abundância e boa sorte e continuar tranquilos diante da adversidade.

Quanto mais nos desapegamos com suavidade daquilo que não podemos ter e nos abrimos para o indesejado, mais desenvolvemos a equanimidade, a sensação de um equilíbrio interior. Tornamo-nos mais confiantes de que podemos permanecer relaxados, quer as coisas deem certo ou errado. São os dois lados da moeda da busca da felicidade. Às vezes ganhamos, às vezes perdemos. Se há algo a ser feito, tente. Se não há o que fazer, relaxe e usufrua a vitória de se desapegar do que você tanto almeja e não pode ter, e de se abrir para o que não gosta e não pode evitar.

Para transformar a energia da raiva, da agressividade e da violência devemos honrar o compromisso de evitar ferir os outros. O mundo ainda não assumiu esse compromisso. O mundo é dominado pela política do coração fechado. Se os palestinos não conseguirem o que querem, matarão os israelenses. Se os israelenses não conseguirem o que querem, matarão os palestinos. Se os extremistas islâmicos não conseguirem o que querem, farão uso da violência. Se suas vítimas experimentarem o que não querem, buscarão se vingar de forma violenta.

Buda, Cristo, Mahatma Gandhi e Martin Luther King foram todos defensores da não violência. Embora essas pessoas elevadas sejam quase universalmente amadas, a política da não violência é evitada pela maioria das nações e das pessoas. Por quê? Porque as nações e as pessoas não estão dispostas a abdicar de seu apego aos próprios desejos, aversões e interesses particulares.

Em defesa desses interesses, afirmam estar certas e ter direitos indiscutíveis. No cenário da política internacional, caracterizada pelo coração fechado, a gentileza é entendida como fraqueza. Se há a sensação de que desejos estão sendo frustrados, que o inaceitável está sendo imposto e que a noção da própria identidade está sendo desrespeitada, o estado de ânimo decorrente é de impotência, vulnerabilidade e vergonha. A infrutífera reação habitual é a violência e a guerra.

O mundo precisa agora da ética do coração aberto. Precisamos compreender que não adianta querer que tudo aconteça do nosso jeito. Não podemos ter todo o dinheiro que queremos. Não podemos ter todos os bens da Terra só para nós. Não podemos ter todo o petróleo que queremos, ao preço que nos convém. Não podemos ter uma promessa contínua. A terra prometida não existe. Não podemos evitar a dor, a decepção e a morte. Não podemos ter toda a liberdade que queremos e não podemos evitar as restrições à liberdade, que são necessárias para o bem comum. Ninguém pode governar o mundo porque todos querem governá-lo.

Adotando a ética do coração aberto, seremos pessoas mais contentes e o mundo será um lugar mais feliz. O coração aberto continua buscando a felicidade, mas se desapega do que não pode ter e aceita o que não pode evitar. O coração aberto simplifica, se resume ao básico, modera os desejos, reúne a coragem para enfrentar a dor, enxerga no outro uma parte de si mesmo. A paz depende de cada lado estar disposto a abrir mão de algo que queira para aceitar algo que não queira. O efeito cumulativo de abrir o coração é a compreensão e a valorização mais profunda dos outros, é mais simpatia por todos. Afinal de contas, estamos todos no mesmo barco. Todas as pessoas do mundo buscam a felicidade e querem evitar a infelicidade, a dor e a morte. Todo o mundo quer se sentir bem na própria pele. Todos nós passamos por frustrações. Todos nós ficamos com raiva pelas mesmas razões básicas. O coração aberto chora de compaixão por si e pelos outros.

IMPRESSÃO E ACABAMENTO
YANGRAF
GRÁFICA E EDITORA LTDA.
WWW.YANGRAF.COM.BR
(11) 2095-7722